A EDUCAÇÃO PROFISSIONAL

Contraponto entre as políticas educacionais
e o contexto do mundo produtivo

Fátima Beatriz De Benedictis Delphino

Dados Internacionais de Catalogação na Publicação (CIP)
(Câmara Brasileira do Livro, SP, Brasil)

Delphino, Fátima Beatriz De Benedictis
  A educação profissional : contraponto entre as políticas educacionais e o contexto do mundo produtivo / Fátima Beatriz De Benedictis Delphino ; coordenação editorial Diamantino Fernandes Trindade. -- 1. ed. -- São Paulo : Ícone, 2010. -- (Coleção conhecimento e vida)

  Bibliografia.
  ISBN 978-85-274-1130-1

  1. Educação e Estado - Brasil 2. Educação profissional - Brasil 3. Educação profissional - Brasil - História I. Trindade, Diamantino Fernandes. II. Título. III. Série.

10-06959   CDD-379.81

Índices para catálogo sistemático:

1. Brasil : Ensino profissional : Política
     educacional   379.81

Fátima Beatriz De Benedictis Delphino

A EDUCAÇÃO PROFISSIONAL

Contraponto entre as políticas educacionais
e o contexto do mundo produtivo

Coleção Conhecimento e Vida

Coordenação editorial
Diamantino Fernandes Trindade

1ª edição
Brasil – 2010

© Copyright 2010
Fátima Beatriz De Benedictis Delphino
Direitos cedidos à Ícone Editora Ltda.

Coleção Conhecimento e Vida

Coordenação editorial
Diamantino Fernandes Trindade

Projeto gráfico, capa e diagramação
Richard Veiga

Revisão
Juliana Biggi

Proibida a reprodução total ou parcial desta obra, de qualquer forma ou meio eletrônico, mecânico, inclusive através de processos xerográficos, sem permissão expressa do editor (Lei n° 9.610/98).

Todos os direitos reservados pela
ÍCONE EDITORA LTDA.
Rua Anhanguera, 56 – Barra Funda
CEP 01135-000 – São Paulo – SP
Tel./Fax.: (11) 3392-7771
www.iconeeditora.com.br
iconevendas@iconeeditora.com.br

Dedico este trabalho, em primeiro lugar, ao meu marido, que vem me apoiando sempre nestes 40 anos e depois a meus filhos, que herdaram o meu "bicho carpinteiro" e a minha busca incessante por novas descobertas.

Sobre a Autora

Fátima Beatriz De Benedictis Delphino

Professora do Instituto Federal de Educação, Ciência e Tecnologia de São Paulo – IFSP

Pós-doutora em Políticas Públicas pela Faculdade de Educação da UNICAMP

Doutora em Linguística Aplicada e Estudos da Linguagem pela Pontifícia Universidade Católica de São Paulo

Professora de História da Educação e Políticas Públicas no curso de Pós-Graduação em Formação de Professores do IFSP

Ex-Diretora de Ensino do IFSP

Ex-Coordenadora do Projeto Escola de Fábrica de Guarulhos-SP

Agradecimentos

Em primeiro lugar, quero agradecer ao Professor Dr. Newton Pacciuli Bryan, por ter confiado na minha capacidade de desenvolver um trabalho na área educacional e ter supervisionado de modo tão eficaz, além de me proporcionar tantas oportunidades durante o tempo em que desenvolvi o trabalho.

À profa. Dra. Estela Miranda, minha tutora na Argentina e que se tornou uma tão querida amiga.

A todos os professores e funcionários da Universidade de Córdoba que com tanta gentileza sempre me atenderam e me auxiliaram.

A todos do LAPPLANE que sempre dedicaram sua amizade e seu interesse em auxiliar uma linguista "peixe fora d'água" na educação.

Ao pessoal do INET, em Buenos Aires, que tão gentilmente colocou, à minha disposição, todo seu rico material de pesquisa.

Apresentação

Este relato mostra um estudo sobre as políticas públicas implementadas nos últimos quarenta anos entre o Brasil e a Argentina, focalizando a relação planos econômicos e projetos educacionais para a educação profissional. Trata-se de um estudo de Educação Comparada, área de estudos escolhida porque muitos problemas e soluções da América Latina são comuns a vários países. Segundo Nóvoa e Yariv-Mashal (2003), é importante considerar as definições de educação comparada como um modo de governança e por outro lado sua importância como jornada histórica não linear, que auxilia na compreensão do presente e nos faz prever o futuro, por meio da reconstituição de relações e da investigação das hierarquias de poder e de seus efeitos. Foram escolhidos como pontos de discussão relevantes para a educação profissional (1) a globalização e a industrialização, (2) a atuação do BIRD na América Latina, (3) o contraponto entre ditadura e democracia e (4) as políticas neoliberais. As conclusões deste trabalho mostram uma contradição entre as metas propostas pelos planos de governo e as ações reais implementadas na educação. A principal semelhança é a pequena fatia que a legislação dedica à educação profissional nos dois países, sempre colocada como uma modalidade de ensino localizada fora dos sistemas regulares. A legislação brasileira carece, também, de leis precisas em relação ao financiamento da Educação Profissional e dificulta bastante a entrada de recursos oriundos de empresas privadas para atualização e manutenção de pesquisa tecnológica. É necessário e urgente, nos dois países, que se estabeleça uma imbricação entre a oferta de trabalho e a formação de profissionais e que isso aconteça regionalmente, reconhecendo-se o desvínculo entre as políticas educacionais e as necessidades educacionais, que tem como uma das suas causas principais a dominação econômica externa, reforçada pela dominação cultural.

Sumário

Introdução, 15

Capítulo 1
PAINEL POLÍTICO-ECONÔMICO-EDUCACIONAL ATÉ 1950, 27

Capítulo 2
EDUCAÇÃO E DITADURA, 49

Capítulo 3
A ABERTURA DEMOCRÁTICA, 97
    Focalizando a Argentina, **101**
    Focalizando o Brasil, **117**

Capítulo 4
O SÉCULO XXI E A EDUCAÇÃO PROFISSIONAL, 159

Considerações Finais, 199

Referências Bibliográficas, 207

INTRODUÇÃO

Como professora do Instituto Federal de Educação, Ciência e Tecnologia de São Paulo, diretora de ensino da mesma instituição de 2000 a 2005 e ex-coordenadora do Projeto Escola de Fábrica de Guarulhos, não poderia deixar de dedicar especial atenção às políticas públicas que vêm embasando a Educação Profissional, pela minha intensa atividade na área nos últimos tempos.

Atuei como gestora em pelo menos dois períodos distintos (em muitos pontos antagônicos) vivenciados pela Educação Profissional, (1) *o governo Fernando Henrique*, que introduziu o currículo por competências e vetou o antigo currículo integrado entre a educação básica e a Educação Profissional, e (2) *o governo Lula*, que vem propondo um currículo baseado na formação omnilateral e politécnica, mas que na prática pouco influenciou as práticas educativas na Educação Profissional desenvolvida pelos seus maiores atores, os IFs/ex-CEFETs[1], o SENAI, o SENAC e o Centro Paula Souza. Deparei-me com problemas gerados pelas contínuas reformulações curriculares, que refletiram nos registros escolares, na construção de grades

---

1 Centro Federal de Educação Tecnológica de São Paulo.

e/ou matrizes curriculares, na necessidade de um período de adaptação de alunos e docentes, fatos que acabaram gerando grandes índices de evasão e repetência comuns a todos os atores.

O problema vai além da introdução ou não de cursos integrados e de taxas altas de evasão e repetência, e esbarra em vários problemas que estão sendo ignorados como a própria concepção da Educação Profissional e o despreparo dos alunos decorrentes da Educação Básica. Outra questão relevante é o financiamento da antiga Qualificação Profissional Básica, hoje representada por programas de Formação Profissional Inicial usados como instrumento político, apenas acrescentando números em estatísticas falaciosas, pouco contribuindo para a educação integral de nossos alunos e para sua real colocação no mercado de trabalho.

A Educação Profissional foi sempre considerada de "segundo nível" em nosso país e muito pouco se tem feito de concreto para a construção de diretrizes efetivas e duradouras que possam construir um projeto pedagógico de longa duração para ela. Como regra geral, todos os programas e políticas educacionais no Brasil foram implementados pelo Estado, alicerçados fortemente nos princípios defendidos pela política econômica da ocasião.

Entre 1945 e 1990 cristalizou-se no país uma concepção e uma prática escolar dualista, "ou seja, de um lado, a concepção de educação escolar acadêmico-generalista [...] e de outro a Educação Profissional" (MANFREDI, 2002: 102). Esta última dedicava-se tão somente ao domínio de um ofício, com base advinda da chamada educação compensatória, oferecendo ao jovem algo em troca do que realmente não teve acesso – *uma educação básica de qualidade*, por meio de cursos de curta duração que possam lhes oferecer uma rápida qualificação para serem introduzidos no mercado de trabalho, ideia advinda de uma mentalidade fruto de uma cultura escravocrata, colonialista e feudal das elites brasileiras. O ensino técnico, especialmente em relação aos programas de formação profissional inicial, acaba se prestando a políticas assistencialistas e a análises sobre equidade social, fazendo parte de uma "política de remendo", que não investe no desenvolvimento futuro e completo do país e de seu povo. Tudo porque normalmente tais programas atingem camadas mais pobres da população. Trata-se de fenômeno existente há longa data na sociedade ocidental, pois já dizia Marx, em *O Capital*:

> *As escolas politécnicas e agronômicas são fatores desse processo de transformação, que se desenvolveram espontaneamente na base da indústria moderna; constituem também fatores dessa metamorfose as escolas de ensino profissional, onde os filhos dos operários recebem algum ensino tecnológico e são iniciados no manejo prático dos diferentes instrumentos de produção.* (2003: 553)

Os cursos de Formação Profissional Inicial no Brasil ainda seguem os postulados do Manual de Ocupações do Departamento do Trabalho dos Estados Unidos (citado por Braverman, 1987: 365):

> *Trabalhadores semiqualificados não precisam investir muitos anos no aprendizado de suas funções. As funções mais simples, rotineiras e repetitivas podem ser aprendidas num dia e dominadas em poucas semanas. Mesmo aquelas funções que requerem um grau mais elevado de qualificação, como a de motorista de caminhão, podem ser aprendidas em poucos meses. Ao mesmo tempo, a adaptabilidade – a capacidade de aprender novas funções rapidamente, inclusive operar novas máquinas – é uma importante qualificação para os trabalhadores semiqualificados. Novos empregados que comecem em funções semiqualificadas não devem*

ser altamente eficientes.[...]. em geral exige-se boa vista e boa coordenação.

Pelo texto de Braverman pode ser observado que o que distingue o trabalho humano do trabalho animal é o ato de projetar o resultado do trabalho idealmente, antes de sua concepção. Como se pode observar, as normas do Departamento do Trabalho Americano não supõem a necessidade de inteligência e imaginação no trabalhador médio. Assim também, no Brasil atual, são propostos para o trabalhador programas de capacitação de curta duração que pretendem treiná-lo em atividades simples, que não requerem habilidades especiais ou capacitação mais elaborada.

Dados apontados por Gustavo Ioschpe na revista *Veja*, de 26 de julho de 2006, demonstram, talvez de forma exageradamente negativa, a falência geral da educação brasileira, apresentando dados alarmantes (INAF) como o fato de que apenas 26% da população brasileira de 15 a 64 anos é plenamente alfabetizada, somente 23% consegue resolver um problema matemático que envolva mais de uma operação (dados de escolas públicas e particulares), em todas as etapas do ensino e em todas as regiões do país. O mesmo artigo mostra que na educação superior as dificuldades se mantêm, pois a taxa de matrícula atende 20% da população, enquanto na Coreia e Finlândia ela bate os 90%. Países vizinhos apresentam taxas muito superiores, como a Argentina, de 61%, o Chile, de 43%, e 32% no Peru. Apresentamos, de analfabetos funcionais, a mesma taxa indicada em matrículas universitárias dos países desenvolvidos. Estes dados demonstram a relevância dos estudos de Gramsci (1978), que sinaliza sobre a importância da presença de uma escola única, humanista e formativa *em primeiro lugar* na vida dos indivíduos. Somente após várias experiências relativas à orientação profissional é que se passará à especialização (ou trabalho produtivo). Para Frigotto (1995: 105), a escola pública deve trabalhar a "formação omnilateral e politécnica, levando em conta as múltiplas necessidades do ser humano [...]".

Este projeto surgiu em consequência de minhas reflexões sobre a história da educação brasileira e do modelo oligárquico/aristocrático que vem servindo de base para a escola no país, em especial à educação profissional, que desde os primórdios da civilização brasileira esteve voltada apenas às "classes menos favorecidas" (como diz o artigo 129 da Constituição de 1937) e oferecida como uma dádiva especial ofertada pela classe dominante, ou seja, como treinamento associado à escolaridade baixa, reforçando e mantendo a estrutura de dominação externa ao país. A própria universidade "tem funcionado como fornecedora de pessoal qualificado cada vez mais desvalorizado e perdendo *status* no mercado interno" (ROMANELLI, 1985: 259).

Levando-se em conta apenas o viés do mundo produtivo, é ressaltada, para a educação profissional, a necessidade de aproximação entre empresas e escolas para melhor ajuste dos currículos e para difusão sobre o uso de tecnologias e sua consequência sobre o emprego e o trabalho. É importante colocar que as diversas tecnologias impõem parâmetros sobre a base técnica de produção e intervêm nas relações sociais e educacionais. Mas é crucial ressaltar-se também a importância da Educação Básica, em especial os conteúdos curriculares do ensino médio, que são muito importantes como base para as disciplinas específicas dos cursos técnicos e que são geradores de maior eficiência dos trabalhadores, além de seu papel mais importante como parte essencial para o construto do homem como ser social.

Este trabalho situa-se numa linha de pesquisa intitulada educação comparada. Optei por esta linha em virtude de meus estudos sobre a educação brasileira sempre apontarem para problemas e soluções comuns a vários países da América Latina, em especial à Argentina. Em consequência, pretendo analisar as políticas públicas brasileiras e argentinas implementadas nos últimos 40 anos, dentro do contexto da educação profissional pública de nível médio, focalizando a relação entre planos econômicos/projetos educacionais e sua relevância para o cidadão brasileiro e argentino.

Embora os estudos realizados no escopo da Educação Comparada já perpassem vários séculos, a literatura sobre o tema indica um período de ostracismo, causado talvez pela globalização, com penetração em todos os cantos do planeta, tornando estudos comparados algo *déjà-vu*, sem destaque no mundo científico. No entanto, apesar de as áreas de influência ideológica serem mais visíveis ou mais conhecidas, ainda assim os estudos comparados são muito necessários para se tentar, por exemplo, verificar até onde a influência global é verdadeira ou apenas aparente.

As análises comparadas baseadas apenas em sistemas acabados (consideradas como positivistas) buscavam, segundo Malet (2004: 1.034)

> *[...] definir leis universais a respeito das doutrinas pedagógicas e do funcionamento dos sistemas educativos nacionais, projeto científico que seria reafirmado no campo sociológico, no final do século XIX, por E. Durkheim (1895), a comparação sendo então erigida em princípio metodológico de produção de conhecimentos em ciências sociais (SCHRIEWER, 1997a). Essa abordagem naturalista dos fatos e sistemas educativos nacionais pensava seus objetos de estudo privilegiados como unidades de análise estável, como entidades independentes.*

No passado, outra concepção, muito em voga no século XIX, o naciocentrismo, procurou desvendar sistemas educativos estrangeiros para descobrir causas históricas do desenvolvimento escolar e assim melhorar o próprio sistema educativo. No entanto, essa abordagem compara e discute os dois sistemas de forma independente ou fechada.

Depois da Segunda Guerra Mundial, com a necessidade premente de reorganizar os sistemas educativos, surge a corrente pragmática na educação comparada, baseada no pragmatismo de J. Dewey e no racionalismo crítico de K. Popper. Em comum, as duas correntes têm o neopositivismo e o evolucionismo. Em separado, a corrente do racionalismo crítico estuda os problemas educativos inseridos em diferentes contextos socioculturais. Brian Holmes desenvolve a corrente chamada "resolução de problemas" (*problem-approach*) que focaliza sua análise "em fenômenos contextuais circunscritos" (MALET, 2004: 1.308), caracterizada pelo cientificismo e por preocupações pragmáticas ou operacionais, que elaboram hipóteses a partir do exame de contextos.

Já a corrente intervencionista, surgida no final da década de 1950, pretende usar pesquisas de campo quantitativas como base para composição e acompanhamento de políticas e reformas educativas. Esta metodologia foi bastante usada pelo Banco Mundial, pela UNESCO e pela OCDE na Europa. É uma corrente que se preocupa mais com a descrição dos fenômenos educativos e também, mais recentemente, com a avaliação da adaptabilidade dos sistemas, principalmente em meio a processos de reformas de ensino.

A concepção positivista, renascida nos anos 60, sob a influência da hegemonia do estruturalismo, além de seu caráter mais explicativo e endógeno, pretendeu inserir ferramentas da pesquisa quantitativa no campo dos estudos sobre educação, com a finalidade de construir teorias gerais dos fatos educativos (MALET, 2004).

Nas últimas décadas, as áreas de influência ideológica do planeta se expandiram pela globalização e a educação comparada começou a levar em conta a noção de "comunidades interpretativas de fenômenos convergentes" (NÓVOA, 2001), aumentando-se a tensão entre o global e o local. Autores como Luhman (1984) ressaltam a importância do conceito do Estado – Nação como princípio organizador dos sistemas educacionais.

Os grandes órgãos de apoio financeiro e político para a educação e para a informação como a UNESCO, o Banco Mundial e outros acabam levando a uma interdependência dos sistemas educativos. As instituições do mercado moderno estão cada vez mais interconectadas e homogêneas, como acontece na indústria e no mundo financeiro e isto está também interferindo em outras instituições, como as educacionais.

Isso leva a Educação Comparada a redefinir suas unidades de análise tradicionais. Nóvoa (2001: 46), por exemplo, fala em "reconstrução narrativa do passado, uma dimensão construtiva que ligue a história à tradição literária mais do que ao relato da ciência", proposta apoiada na fenomenologia hermenêutica de Ricoeur, na epistemologia histórica de Foucault e na ética argumentativa de Habermas (MALET, 2004). Trata-se da cultura tratada como texto, a partir de uma visão antropológica e sócio-histórica da educação. Nesta perspectiva a escola não é um sistema fechado em si mesmo, mas sofre influências de coisas que estão "fora da escola" (KING, 2000) na ordem social.

Mais ou menos a partir de 1980, e com muito mais intensidade nos últimos anos, parece haver uma "linguagem comum na educação" (NÓVOA E YARIV-MASHAL, 2003), indicando uma única perspectiva para estudar-se os problemas educacionais e sociais, que tem duas consequências, muito importantes para o campo acadêmico da educação comparada: (1) um relato espetacular de indicadores que tem o objetivo de influenciar as ações individuais, devido à exposição à opinião pública; (2) a ideia de relacionamento mútuo que parece nos levar a uma ideia de compartilhamento, e a uma contínua e perpétua comparação com o outro.

Segundo King (2000: 3), trata-se de uma nova forma complexa de interação:

> *Obviously, education is not one-way traffic between teacher and those being taught, and never has been; but the balance in that interaction has*

> *fundamentally shifted. The engagement between any learner and whatever teacher (or source of learning) today is more complex than ever. It is not limited in time or place or subject-matter or purpose: it is conditional in every respect, depending for its fulfilment on lifelong follow-up by the learner amidst endless uncertainty and ever-changing forms of learning. That shift brings into question nearly all the institutions and practices which it was the main task of comparativists to analyse. It certainly demolishes the orthodoxies and 'predictions' which flourished in some comparative education centres during the 1950s and 1960s.*

Para Nóvoa e Yariv-Mashal(2003: 428), que usam como modelo o exemplo da nova relação entre os países europeus, a discussão se move de temas de governo para temas de governança. Governança deve ser compreendida como a ampla dominação trazida pelas redes de comunicação, acordos e contratos internacionais de que somos vítimas, no mundo globalizado.

> *This new approach to European affairs reveals, clearly, a strategy to move the discussion away from matters of* government *(habited by citizens, elections, representation, etc.) and place it in the more diffused level of* governance *(habited by networks, peer review, agreements, etc.). Policy formulation and government action are no longer matters of 'straight forward' decision making by citizens, representatives and politicians. Policy is constructed, legitimised and finally put into action through 'new means' that are intended to find the most beneficial or efficient solution. A logic of perpetual comparison legitimises a policy that is built around a rhetoric of 'identity' and 'diversity', leading nevertheless to*

> *similar solutions. This is the current paradox of comparative approaches, and that is why we should carefully analyse their uses in political and educational debates.*

Ainda segundo Nóvoa e Yariv-Mashal(2003), é importante considerar a educação comparada como jornada histórica. Não na perspectiva de uma história narrada numa linha linear de tempo e de espaço geográfico, mas na perspectiva de uma história que auxilia na compreensão do presente e nos faz prever o futuro, por meio da reconstituição de relações e da investigação das hierarquias de poder e de seus efeitos. O foco da educação comparada, deste ponto de vista, deve ser em problemas e não em fatos ou realidades. Apenas problemas podem constituir bases sólidas para comparações complexas.

Segundo Aguilar (2000: I) os recursos a serem utilizados na educação comparada deverão ser da "**simultaneidade** (fatos acontecidos quase ao mesmo tempo) e da **reconstrução dos cenários** políticos, sociais e econômicos dos dois países".

Consequentemente, este trabalho deve ser considerado como uma tentativa de enxergar problemas complexos presentes na educação profissional pública desenvolvida nos últimos 40 anos por dois países da América do Sul, Brasil e Argentina. Segundo as palavras de Krawczyk (1993: 6), um dos nós modulares dos processos de transformação democrática de muitos países da América Latina nos últimos 50 anos tem sido "a reestruturação da economia e do Estado, a reestruturação industrial e as mudanças do sistema político".

Serão tomados como polos de discussão relevantes para a educação na América Latina (1) a industrialização, (2) a influência do BIRD, (3) ditadura e democracia, (4) globalização e neoliberalismo.

Para maior clareza do leitor, a divisão deste trabalho seguirá os seguintes passos:

- **Introdução.**
- **Capítulo 1.** Painel político-econômico-educacional dos dois países até 1960.
- **Capítulo 2.** Educação e Ditadura. Reconstituição comparada da história da educação profissional do período de 1960 até a data atual, vinculada às leis e diretrizes governamentais do período.
- **Capítulo 3.** A Abertura Democrática. Análise comparada das políticas públicas dos anos 80, com ênfase no neoliberalismo e a reestruturação produtiva e seu impacto.
- **Capítulo 4.** O século XXI e a educação profissional. Discussão sobre as políticas públicas atuais, especialmente focalizando a dicotomia neoliberalismo/políticas neo-keynesianas[2].
- **Capítulo 5.** Considerações finais.

A experiência argentina e brasileira em planejamento governamental tem se mostrado ampla e diversificada, mas considerada insuficiente e insatisfatória pela maior parte dos estudiosos sobre o tema. Segundo Silva e Costa (2000), as avaliações de programas de governo brasileiros se caracterizam, salvo alguns programas na área social, pela dispersão e pela descontinuidade sendo que as evidências e resultados são raramente documentados e sistematizados. Isso se deve às duas características dominantes do planejamento governamental do país:

a) Ênfase no processo de formulação de planos e elaboração de programas e projetos;
b) Alta negligência nas etapas de acompanhamento e avaliação dos processos, resultados e impactos.

---
2 O governo Lula vem sendo constantemente classificado como neo-keynesiano. Esta corrente da economia partilha alguns pressupostos da **Teoria Geral** de Keynes (1992), que coloca a intervenção governamental como solução para guiar a economia no caminho do crescimento e da estabilidade.

Como será demonstrado por este trabalho, esta tendência ainda se mantém, continuando a educação à mercê da 'maré' de governos e interesses de partidos políticos, com programas e projetos constantemente interrompidos.

Capítulo 1

PAINEL POLÍTICO-ECONÔMICO-EDUCACIONAL ATÉ 1950

A escola brasileira, até o início do século XX, caracterizou-se como meio de preservação da cultura importada/transplantada de Portugal, como reforço das desigualdades sociais, com predominância do ensino acadêmico, próprio à classe dominante da época.

A organização da economia e da sociedade dependiam do modelo agroexportador, de produção e exportação de produtos primários, predominantemente agrários. Freitag (2005: 81) coloca a respeito:

> Durante séculos essa economia se assentava em um só produto de exportação (açúcar, ouro, café, borracha) razão pela qual o modelo agroexportador era extremamente vulnerável. Dependia das oscilações do mercado dos países de economia hegemônica. Esse modelo perdurou até a crise do café, gerada pela crise econômica mundial em 1929.

O ensino apresentava organização fragmentária, pois não fora instituída uma política educacional estatal, que começa a ser colocada apenas na segunda década do século XIX. Em consequência, a escola, sob o controle da Igreja, não privilegiava o pensamento crítico, mas revalorizava a Escolástica por meio do cultivo à memorização, ao raciocínio, a atividades literárias e acadêmicas. Os jesuítas, nos primeiros séculos, trouxeram irmãos-artesãos, que faziam parte das missões, os quais são responsáveis por fazer surgir nas oficinas as primeiras escolas de aprendizes, com escravos e índios que auxiliavam na manufatura de artigos como roupas, sapatos, utensílios domésticos. Constituir-se-iam assim os fundamentos da educação profissional no Brasil, dedicada apenas às classes menos favorecidas. A escola jesuítica dedicava-se a preparar alunos que iriam buscar diplomas fora do país, os futuros bacharéis em Belas-Artes, Direito e Medicina.

Mesmo após a expulsão dos jesuítas, a Igreja continuou a controlar por muito tempo as instituições de ensino, pois praticamente não houve mudanças significativas durante o Império e a Primeira República. Na economia, o trabalho escravo foi substituído pelo trabalho dos imigrantes, mas o modelo agroexportador se manteve, apenas migrando do açúcar para o café. Porém, após a vinda de D. João VI, surge a necessidade de formação de pessoal técnico e administrativo, atendendo o novo quadro burocrático que aos poucos vai se instalando na administração pública, inclusive com a preparação de militares para a defesa do Estado, com a independência política. Começa a se tornar necessária uma política educacional estatal. No entanto, até 1920, a educação era eminentemente elitista, havendo preconceito contra o trabalho que não fosse intelectual.

No início da República ressalta-se, pela primeira vez, a necessidade de serem instituídas "escolas técnicas e profissionais", quando, em 1906, o Senado discute o montante de recursos do orçamento do Ministério da Justiça e Negócios Interiores, responsável, na época, pela implantação deste tipo de ensino nos estados. O uso do termo *escola técnica*, até este período, tem o sentido de *escola profissionalizante,* que produz artífices ou oficiais.

Em 1909, o Presidente da República Nilo Peçanha decreta a criação do ensino industrial no Brasil e destina recursos para construção de vinte e três escolas espalhadas por todo o território brasileiro. Elas surgem como escolas primárias de Aprendizes Artífices[3] e tinham como objetivo a formação de operários e contramestres. Tinham como pressupostos básicos[4]:

- Matrícula a menores provenientes da população de baixa renda;
- Limite mínimo de 12 anos de idade para ingresso;
- Obrigatoriedade dos cursos primários e de desenho, sob o regime de externato;
- Ensino de oficinas fixado em 4 anos;
- Contratação no país ou no exterior de profissionais de reconhecida competência para dirigir as oficinas.

Presenciáramos, no século XIX, o desenvolvimento das atividades urbanas, com o surgimento de uma classe média constituída de trabalhadores livres do comércio, do exército e de funcionários públicos. A imigração e, principalmente, o crescimento do mercado interno muito auxiliaram também, constituindo uma verdadeira revolução na empregabilidade da classe média, inserida num viés de revolução industrial. As primeiras instituições de ensino voltadas para a formação de profissionais para a indústria foram as escolas ferroviárias,

> *[...] concebidas e organizadas, a partir da década de 1920, por Roberto Mange. Mais tarde, na década de 1940, elas forma incorporadas a uma*

---

3 Em São Paulo, a primeira Escola de Aprendizes Artífices é criada em 1910.
4 Informações retiradas do livreto *Homem e Técnica*, editado pela Escola Técnica Federal em 1986.

> *instituição de âmbito nacional – o SENAI – também criado sob a influência desse engenheiro, que havia absorvido e adaptado as experiências europeias às condições locais.* (BRYAN, 2008: 10)

Como não havia, nesses primeiros tempos da indústria, um setor responsável pela reposição de peças e bens, as ferrovias brasileiras desenvolveram grandes oficinas de manutenção "para conservação dos equipamentos importados e produção de vagões, máquinas-ferramenta e locomotivas" (BRYAN, 2008: 19) e que se transformaram nas primeiras escolas industriais pela presença de artífices, secundados por ajudantes e aprendizes sob o comando de um mestre. A Cia Mogiana[5], por exemplo, situada em Ribeirão Preto, uma das maiores empresas no período, possuía 1.498 trabalhadores, 26 na administração, 683 nas oficinas e 789 na tração. Ou seja, havia um volume de trabalho bastante grande nas oficinas que ocupavam um número expressivo de trabalhadores.

Enquanto na Argentina a escola técnica se desenvolvera bastante no início do século XX, no Brasil, no mesmo período, a modalidade apenas se iniciava. Segundo informações do "Histórico da Educação Profissional no Brasil" presente no endereço eletrônico da Secretaria da Educação Profissional e Tecnológica SETEC/MEC.[6]

> *Em 1889, ao final do período imperial e um ano após a abolição legal do trabalho escravo no país, o número total de fábricas instaladas era de 636 estabelecimentos, com um total de aproximadamente 54 mil trabalhadores, para uma população total de 14 milhões de habitantes, com uma economia acentuadamente agrário-exportadora, com predominância de relações de trabalho rurais pré-capitalistas.*

---

5 Dados retirados de Bryan, 2008.
6 www.mec.gov.br/setec.

O Presidente do Estado do Rio de Janeiro (como eram chamados os governadores na época), Nilo Peçanha iniciou no Brasil o ensino técnico por meio do Decreto nº 787, de 11 de setembro de 1906, criando quatro escolas profissionais naquela unidade federativa: Campos, Petrópolis, Niterói, e Paraíba do Sul, sendo as três primeiras para o ensino de ofícios e a última à aprendizagem agrícola.

O crescimento da urbanização e da industrialização serviu depois como mecanismo de pressão em favor da expansão da escolaridade, embora com pouca ação desenvolvida pelas províncias, muito dependente ainda do poder central. A construção de escolas, a manutenção, a nomeação de pessoas e veiculação de verbas dependia mais do prestígio político local do que de sua real necessidade. De 1930 a 1945 houve a queda de Washington Luís e a revolução de 1930. Este período caracterizou-se por excesso de estoques de café, acumulação de capital e retirada de capital estrangeiro. De 1930 a 1939 houve a baixa dos preços do café e uma atitude positiva do governo Vargas em relação às indústrias, demonstrando que o país estava mudando. No período, houve finalmente um primeiro movimento real de decolagem da indústria brasileira, principalmente no setor de bens manufaturados com substituição de importados e a perda às vezes real, às vezes aparente, de poder da oligarquia cafeeira.

Num primeiro movimento, pela organização de cursos profissionalizantes, foi promulgada a Lei nº 3991 de 5 de janeiro de 1920, que autorizou o Ministério da Agricultura, Indústria e Comércio a realizar convênios para o funcionamento de cursos como o de Química Industrial com três anos de duração, como da Escola de Engenharia Mackenzie em São Paulo ou do curso de Eletrotécnica de Itajubá, Minas Gerais. No entanto, eram cursos livres, pois não expediam certificados oficiais. O ensino profissional apenas dava seus primeiros passos, num país que tinha, em 1939, apenas 238 empresas com mais de 500 empregados.

Em 1927, foi apresentado à Câmara um projeto de Graco Cardoso (não aprovado) que propunha "o ensino técnico industrial em 3 níveis:

> **1. Escolas primárias industriais** – *formação de operários especializados – (4 anos) e contramestres (mais um ano)*
> **2. Institutos médios profissionais** – *formação de mestres (chefes de indústria) e técnicos especializados (2 anos)*
> **3. Escolas normais industriais** – *formação de professores, diretores e inspetores da rede escolar industrial.* (CUNHA, 1977: 25)

Os primeiros métodos de organização racional do trabalho, introduzidos na ensino industrial, foram criados por Roberto Mange[7], e combinavam os princípios tayloristas com os princípios da psicotécnica, iniciados na Alemanha e na França. Ao lado da programação do trabalho havia também a supervisão e avaliação do desempenho do aprendiz e sua adaptação a uma função específica (BRYAN, 2008, p. 27). Mange acreditava que o engenheiro deveria combinar o processo de ensino ao de trabalho, tornando-se organizador do ensino e da produção.

Em 1930 foi criado o primeiro Ministério de Educação e Saúde, dada a preocupação governamental com a estruturação do ensino. A Constituição de 1934 colocou a necessidade de se elaborar um Plano Nacional da Educação, listou as competências de cada nível administrativo e fixou formas de financiamento da rede oficial de ensino em quotas fixas para a Federação, os Estados e Municípios (artigos 150 e 156).

A década de 1940 vivenciou o aumento das exportações, principalmente de tecidos. No entanto, o desenvolvimento foi

---

7 Engenheiro suíço, contratado pela Escola Politécnica de São Paulo como professor em 1903.

ainda incipiente, pois a falta de importação de equipamentos, decidida por decreto governamental, não auxiliou a indústria, carente de bens de capital ainda não fabricados no Brasil. A partir de 1946, a reequipagem da indústria e o crescimento do Produto Interno Real (PIR) para 3,5% resultaram numa década de prosperidade econômica, com aumento de 122% na produção industrial. A intensa movimentação da economia de 1948 a 1955 trouxe um aumento de mais de 87% na produção industrial global. A indústria química, isoladamente, com a fundação da Petrobrás em 1953, teve um aumento real de 608%[8].

Em 1942, o Ensino Técnico Industrial foi organizado como um sistema, passando a fazer parte do Ministério da Educação. No mesmo ano foi criado o SENAI – Serviço Nacional de Aprendizagem Industrial e, em 1946, o SENAC – Serviço Nacional de Aprendizagem Comercial.

A organização do ensino técnico industrial aconteceu pelo aumento da demanda por técnicos, em virtude da expansão da produção de cimento e de produtos siderúrgicos, principalmente pela ampliação de plantas complexas de produção nas indústrias, especialmente a têxtil, que aumentou bastante tanto o uso da maquinaria, como o número e a duração dos turnos de trabalho. Foi fator decisivo também o aumento da produtividade, a escassez de engenheiros e a substituição de técnicos importados por técnicos brasileiros, em virtude da Segunda Guerra Mundial. Indiretamente, a criação da Companhia Siderúrgica Nacional e da Fábrica Nacional de Motores também contribuíram para a demanda por técnicos especializados. Essas duas entidades usavam tecnologia bastante avançada para a época, totalmente inovadora para o país e necessitavam de técnicos mais preparados. E finalmente a própria criação da Lei Orgânica do Ensino Industrial, em 1946, também incrementou a procura por cursos na área industrial. Após a promulgação dessa lei, as

---

[8] Bresser Pereira, 2003.

escolas federais de aprendizes e artífices, criadas em 1909 foram transformadas em escolas industriais.

O ensino técnico industrial foi organizado como um sistema pela Lei Orgânica do Ensino Industrial de 1942, e era composto por quatro elementos: rede federal, redes estaduais, rede SENAI e escolas isoladas. De modo geral, a educação brasileira passou a ter o seguinte formato:

- Ensino Primário – comum a todos os educandos, não compreendia o ensino de ofícios.
- Ensino Médio dividido em 2 etapas, 1º e 2º ciclos divididos em 5 segmentos; secundário (propedêutico ao ensino superior) normal, industrial, comercial e agrícola. O primeiro ciclo dos ramos profissionais destinava-se a formar trabalhadores manuais oriundos das classes menos favorecidas (Constituição de 37).[9]
- Ensino Superior.

O ensino secundário, onde foi inserida a educação profissional, passou a ter, portanto, a seguinte estrutura:

ESTRUTURA DO ENSINO SECUNDÁRIO EM 1942

1º CICLO	→	2º CICLO
ENSINO MÉDIO PRIMEIRO CICLO	→	ENSINO MÉDIO SEGUNDO CICLO
CURSO GINASIAL SECUNDÁRIO	→	CURSO COLEGIAL SECUNDÁRIO
CURSO NORMAL 1º CICLO	→	CURSO NORMAL 2º CICLO
CURSO BÁSICO INDUSTRIAL	→	CURSO TÉCNICO INDUSTRIAL
CURSO BÁSICO COMERCIAL	→	CURSO TÉCNICO COMERCIAL
CURSO BÁSICO AGRÍCOLA	→	CURSO TÉCNICO AGRÍCOLA

Figura 1.

---

9 Havia um acesso muito restrito em áreas estritamente relacionadas.

O curso ginasial secundário era continuado pelo ensino colegial secundário, que permitia o ingresso aos cursos superiores. As outras modalidades não permitiam esse ingresso, ou seja, eram naturalmente excludentes, reservadas às classes menos favorecidas, que deveriam dedicar-se a trabalhos manuais ou profissionais. O curso normal era reservado praticamente às mulheres, a quem era permitido ser professora e reproduzir a cultura dominante, ou seja, também discriminadas.

A educação básica, no mesmo período, passou por intensas discussões sobre a escolaridade obrigatória e gratuidade a toda a população. Incrementaram-se as discussões sobre questões técnico-educacionais. Predominava um equilíbrio entre a tendência humanista tradicional e a moderna. A legislação de ensino oscilou entre essas correntes em oposição. Os católicos representavam a linha tradicional e defendiam o ensino acadêmico, baseado na transmissão de conhecimentos, no controle e no autoritarismo. Os liberais ou pioneiros lutaram pela necessidade de reforma da escola tradicional, o laicismo no ensino, a gratuidade, a introdução de metodologia experimental e o uso de estratégias que despertassem a motivação e o interesse dos alunos.

A Argentina foi descoberta no mesmo período em que o Brasil, no século XVI, caracterizado nos manuais de História como o período das Grandes Navegações, em que se destacaram Portugal e Espanha. Enquanto os portugueses descobriram o Brasil em 1500, os espanhóis chegaram à região da atual Argentina por volta de 1516, quando o navegador espanhol Juan Dias de Solis, percorrendo o rio da Prata, oficializou a conquista do novo território. Enquanto no Brasil os portugueses se deparavam com um povo bastante rude, com cultura e organização social primárias, os espanhóis encontraram uma civilização bastante desenvolvida na região norte, pertencente ao Império Inca. A exploração da prata constituiu o viés econômico nos séculos XVI e XVII, quando também se intensificaram as missões jesuíticas, cujo objetivo era catequizar os índios guaranis.

As condições naturais favoráveis dos pampas fizeram surgir imensas estâncias para criação de gado.

O território argentino foi invadido por vários povos, espanhóis, portugueses, franceses, ingleses, holandeses, responsáveis por invasões, contrabando e pirataria. Os ingleses se apossaram de Buenos Aires, mas o general San Martin liderou uma campanha de Independência, conquistada em 1816 (QUESADA, 1915). A independência fez brotar uma guerra civil que perdurou por vários anos entre os federalistas do interior, fazendeiros que desejavam a autonomia das províncias e os unitaristas de Buenos Aires, comerciantes que desejavam um governo forte e centralizado. Estes últimos venceram e em 1853 foi promulgada a primeira Constituição Argentina. É adotado no período um modelo econômico primário-exportador cuja base era o cultivo de cereais e a criação de ovelhas, firmemente apoiada pela imigração, principalmente de italianos, para trabalhar no campo, iniciada no final do século XIX até as primeiras décadas do século XX. Investimentos estrangeiros, principalmente ingleses, apoiaram o modelo econômico caracterizado por superávit da balança comercial. Esse crescimento, no entanto, acabou sendo prejudicado pelos juros externos exorbitantes e pela concentração de riqueza. Em consequência, o desemprego começou a crescer e muitos abandonaram o campo. No início do século XX, a democracia argentina se encontrava politicamente enfraquecida por sucessivas crises econômicas (DEVOTO e FAUSTO, 2008).

Em relação à educação, entre 1813 e 1850 foram fundadas escolas públicas. "A política educacional que se seguiu à independência tinha como propósito a educação de toda a população para poder consolidar sua autonomia" (KRAWCZYK, 1993: 18).

O propósito dos unitaristas era transformar rapidamente a Argentina do século XIX num Estado capitalista semelhante aos países industrializados, e para tal se instituiu o modelo exportador de matérias-primas semi-processadas. O processo de modernização da economia e do Estado foi iniciado muito antes do que nos demais países da América Latina, inclusive do Brasil.

No século XIX a Argentina já possuía um sistema educacional nacional; numa fase inicial, entre 1863 e 1884, havia mais de 258.000 crianças em idade escolar, embora 33.253 frequentassem a escola (1 em 7). Havia problemas gerados principalmente pela falta de uma organização nacional, pela falta de professores preparados e pelo intenso processo migratório que trazia um grande número de imigrantes analfabetos, pois nove em doze não sabia ler e a escola necessitava também alfabetizar estes adultos (PAZ, 1980).

Em 1869, acontece o primeiro censo argentino, que demonstrou, para um total de 1.800.000 habitantes, que mais de um milhão estavam nas piores condições de instrução, sendo que havia 315.822 crianças menores de seis anos. De 300.000 votantes, apenas 50000 sabiam ler e escrever. Nas províncias havia 48% de analfabetos em Buenos Ayres, 90% ou mais em La Rioja, Jujui y Santiago del Esterno e 82% em Córdoba (PAZ, 1980). A escola primária era precária e instável, funcionando em locais impróprios. A Constituição de 1853, reformada em 1860, colocou a educação entre os deveres e funções do governo, pois colocava os pressupostos básicos para criação de um sistema educativo. Conferiu ao Congresso a faculdade de legislar planos de instrução geral e universitária e afirmou como um dever supremo das províncias o cuidado com o ensino primário. Foram princípios básicos e gerais a gratuidade e a obrigatoriedade do ensino primário oficial e o direito dos municípios de organizar suas escolas, estabelecer regras próprias para a educação pública e as atribuições dos órgãos legislativos para ditar planos e regulamentos gerais. Havia inclusive um ministério que tinha como uma de suas funções o fomento e o progresso do ensino. A lei 463 de 1871 organizou a distribuição das subvenções do estado, distribuída proporcionalmente a quem fizesse mais esforços a favor do ensino.

Segundo Paz (1980: 27) o *status quo* da Educação Primária Argentina, no período, em que a grande maioria de crianças em idade escolar não frequentava escola, pode ser visualizado na Figura 2:

ESCOLA PRIMÁRIA ARGENTINA

1869	1876	
1.766.923	2.121.775	População total submetida ao censo escolar
413.333	503.068	Número de crianças entre 6 a 14 anos
700	1946	Número de escolas públicas e privadas
82689	116577	Número de crianças que frequentavam escola
1846	3678	Número de professores
330.644	386491	Número de crianças em idade escolar que não frequentavam escola

Figura 2: Fonte: *Memoria del Ministério de Justiça. Culto e Instrucción Pública.* 1877. (PAZ, 1980: 27)

Em 1863 houve um movimento pelo ensino secundário, que foi se consolidando com a criação dos colégios provinciais. Havia, em 1863, apenas dois colégios nacionais, que ofereciam preparatório para ingresso na universidade ou a estudos superiores, com internato.

A política educativa orientou que o ensino secundário deveria ter aplicações úteis e variadas, que proporcionassem maiores oportunidades à juventude que se dedicava até então apenas a carreiras científicas e literárias. É criado o Colégio Nacional de Buenos Aires, modelo para os outros, que foram sendo aos poucos criados.

Surge um novo objetivo definido por plano nacional, de profissionalização, com aplicações práticas anexadas aos currículos dos colégios nacionais, com o intuito de fomentar as indústrias provinciais. É criada a cátedra de Mineralogia em San Juan e Catamarca e também cursos de Geometria e Mecânica,

Química e Fonografia, no Colégio Nacional de Buenos Aires. Este início de escolas profissionalizantes serviu de estímulo a muitos colégios. Em 1876 o país já tinha 14 Colégios Nacionais, com 5.195 alunos. Havia, no entanto, uma urgente necessidade de um magistério mais eficiente. De acordo com Paz (1980) não havia professores, formação acadêmica, nem metodologias adequadas. O pagamento dos professores era feito de modo irregular e ineficiente. As províncias, sem renda para formação de mestres, não podiam satisfazer às necessidades mínimas e as escolas estavam quase desertas.

Os alunos dos colégios particulares tinham direito a fazer um exame parcial ou geral das matérias que compreendiam o ensino secundário dos colégios nacionais, desde que tivessem certificados de cursos regulares e desde que os colégios de origem atendessem condições especiais como número de alunos, planos de estudos, programas etc. Os chamados alunos livres poderiam, então, apresentar-se ao exame de qualificação estabelecido nacionalmente para o ensino secundário. Essa lei logo abarcou muitas instituições, que passaram a ter seus cursos reconhecidos.

Em 1870 foi institucionalizada a Escola Normal, visando à formação de professores. Esta escola funcionava subordinada diretamente às autoridades nacionais e seguia o modelo norte-americano, usando textos traduzidos do inglês e do francês. (PAZ, 1980: 34)

Em 1856, havia já a Universidade de Córdoba e a de Buenos Aires, regidas por uma constituição provisória aprovada em 1858. Os cursos superiores oferecidos eram tradicionalmente de Filosofia, Matemática e Direito. Em 1856, surge um movimento de abertura às ciências modernas, naturais e físicas (PAZ, 1980). Observe-se nas figuras 3 e 4 o número de alunos por curso em cada universidade:

UNIVERSIDADE DE CÓRDOBA

CURSOS	1864	1867	1869	1870	1871	1872	1873
JURISPRUDÊNCIA	53	28	24	29	28	36	31
MATEMÁTICA ELEMENTAR	31	41	20	38	30	35	28
FILOSOFIA	42	38	17	31	22	27	23
CIÊNCIAS EXATAS	–	–	–	–	4	2	18
TOTAL	126	107	61	98	84	100	101

Figura 3: Alunos Matriculados na Universidade de Córdoba entre 1864 E 1873. (PAZ, 1980: 47)

UNIVERSIDADE DE BUENOS AIRES

CURSOS	1862	1865	1868
JURISPRUDÊNCIA	42	86	124
QUÍMICA	16	22	126
FÍSICA	14	35	85
MATEMÁTICA	28	48	285
CIÊNCIAS EXATAS	–	13	28
HISTÓRIA NATURAL	–	28	79
FILOSOFIA	81	96	–
LATIM	124	120	145
HISTÓRIA	–	166	124
FRANCÊS	146	101	61
INGLÊS	66	40	38
ALEMÃO	–	–	–
ITALIANO	–	–	–
LITERATURA	–	–	72
DESENHO	61	23	48
TOTAL	578	757	1213

Figura 4: Alunos Matriculados na Universidade de Buenos Aires entre 1862 e 1873. (PAZ, 1980: 48)

Em 1883, um estatuto provisório passa a reger as universidades da nação, com o propósito de estabelecer o número de faculdades, as funções do reitor, a constituição do claustro e as condições de ingresso.

A chamada Segunda Fase da Educação Argentina, caracterizada pela formação e consolidação do Sistema Educativo Nacional (1884-1916), usou como base o censo de 1883, que trazia os seguintes dados:

ARGENTINA – RESULTADOS CENSO DE 1883

CRIANÇAS CENSADAS	497.949	TOTAL
ALFABETIZADOS	124.558	26,10%
SEMI-ANALFABETOS	51.001	10,20%
ANALFABETOS	322.390	64,70%
PRESENTES NAS ESCOLAS	145.660	29,30%

Figura 5: Censo de 1883. (PAZ, 1980: 60)

O dado alarmante deste censo ainda é o grande número de analfabetos (64,70%). A escola primária tinha como objetivo favorecer e dirigir o desenvolvimento moral, intelectual e físico das crianças de 6 a 14 anos. No período, é fixado um conteúdo mínimo de ensino nas escolas primárias oficiais. A escola deveria ser obrigatória, gratuita e gradual, e liberais e católicos discutiam a inclusão ou não do ensino religioso.

Era função do Conselho Nacional de Educação propor diretores, subdiretores e ajudantes, realizar matrículas e arrecadar rendas, além do cuidado com a higiene e a moralidade nas escolas públicas e particulares. Houve também a criação de um fundo permanente para financiar o ensino, colocando a escola à margem de qualquer eventualidade econômica ou política que surgisse no país. A Lei de Subvenções 2.737/1890 fixou o destino específico dos fundos destinados à província: construção de edifícios, aquisição de livros e utilidades para escolas e salários dos preceptores (87,50% para salários e 12,50% para móveis e utensílios). Entretanto, a lei não foi aplicada com a rigidez necessária e se tornou insuficiente.

No ano de 1887 se reorganizou a Escola Normal, com objetivos de formar mestres em três anos e professores, com mais dois anos complementares. O Ensino Secundário, em 1890, apresentava dezesseis Colégios Nacionais, com 2.871 alunos (para 300.000 crianças que saíam do primário).

A Escola Nacional do Comércio foi criada em 1890, com ensino científico, geral e especial voltado para as ciências econômicas. Tinha de lutar contra o preconceito das famílias que queriam o filho na universidade. Outro obstáculo foi a falta de reconhecimento por parte das autoridades e, em consequência, teve pouco valor social.

MATRÍCULAS NA ESCOLA NACIONAL DE COMÉRCIO

1890	153
1905	768

Figura 6: Alunos Matriculados na Escola Nacional de Comércio. (PAZ, 1980: 77)

Em 1905, a Escola Superior de Comércio foi convertida em Faculdade e incorporada à Universidade Nacional de Buenos Aires, primeiro passo para o Ensino Comercial Universitário. Observe-se, na Figura abaixo, a evolução do número de formados por esta escola de 1906 a 1916.

MATRÍCULAS NA ESCOLA SUPERIOR DE COMÉRCIO

1906	1916
1.182 peritos mercantis	3.225 peritos mercantis
1.222 guarda-livros	1.985 guarda-livros

Figura 7: Alunos matriculados na Escola Superior de Comércio. (PAZ, 1980: 77)

Cada vez mais, os avanços científicos, a indústria e as possibilidades de desenvolvimento do país reclamavam um ensino técnico especial. Em 1898, criou-se a Escola Industrial da Nação, segundo os modelos europeus e norte-americanos, que pretendia a capacitação de técnicos em curto prazo. É adotada, como linha metodológica para estes cursos, o dualismo técnico-prático no ensino de Mecânica, Química, Eletrotécnica e Mestre de Obras. O Ensino Técnico e Especial tinha, no final do século XIX, 5.638 inscritos. Em 1904 foi também criado o Instituto Superior de Agronomia e Veterinária.

Em 1916, face à falta de correlação entre a instrução secundária e superior e ao enciclopedismo dos programas divididos em anos, surge a Reforma Orgânica do Ensino Público (Ley Saavedra Lamas). De 1906 a 1916 houve significativo aumento de alunos e de escolas do ensino primário, como pode ser observado na Figura 8:

ESCOLA PRIMÁRIA 1906-1916

1906	1916
291 escolas primárias	1.385 alunos
350 professores	2.640 professores
24.152 alunos	128.488 alunos

Figura 8: Situação da Escola Primária.

O Ensino Primário reduziu-se aos seus limites verdadeiros: concreto, elementar, obrigatório e gratuito em 4 anos. Havia um exame de admissão entre o primário e o ginásio devido à falta de articulação entre os dois níveis. Surge então uma nova instituição, a Escola Intermédia, que abarcava a teórica e a profissional técnica. A técnica tinha matérias eletivas segundo as aptidões práticas preferidas. As Escolas Industriais e do Comércio tiveram fixado um mínimo de horas obrigatórias em cada modalidade.

A Argentina, na primeira metade do século XX, encontrava-se politicamente enfraquecida, pois os juros externos exorbitantes e a concentração da riqueza estavam cobrando um preço alto da população.

Em 1929, houve a queda da Bolsa de Nova York, responsável por descalabro econômico em toda a América Latina, e, em

1930, um golpe militar deu início ao período conhecido como a "Década Infame", caracterizado por fraudes, perseguições aos políticos de oposição e corrupção generalizada do governo.

A escola argentina apresentava altos índices de analfabetismo (35%). Os professores trabalhavam em situação precária, sem estabilidade, surgem vários projetos novos para a educação como o da gratuidade absoluta, o de um estatuto que fixasse a carreira dos professores e o de uma reforma universitária em 1918.

O colapso do comércio internacional levou a um crescimento industrial centrado na substituição de importações, levando a uma maior independência econômica, embora a produção petrolífera do país fosse dominada por empresas estrangeiras. O período foi marcado por conflito entre fascistas e esquerdistas radicais e por suspeita de fraudes nas eleições. Na década de 1930, a escola ainda apresentava altos índices de analfabetismo, como mostra a Figura nº 08:

ARGENTINA – NÚMERO DE ANALFABETOS NA DÉCADA DE 1930

LOCAIS	POPULAÇÃO EM IDADE ESCOLAR	ANALFABETOS
PROVÍNCIAS	1.418.350	313.234
CAPITAL FEDERAL	283.160	21.825
TERRITÓRIOS NACIONAIS	150.653	52318
TOTAL	1.852.163	387.377

Figura 9: Relação entre a população em idade escolar e o número de analfabetos na década de 1930.

Outro problema era o semianalfabetismo, vinculado ao analfabetismo de adultos. Em contraponto, surgem propostas de um plano orgânico para a educação, mas que fosse realizável pelas características particulares de cada região. Observe-se, na Figura 10, o número de escolas provinciais e nacionais.

ESCOLAS PROVINCIAIS E NACIONAIS

PROVÍNCIA	ESCOLAS PROVINCIAIS	ESCOLAS NACIONAIS
BUENOS AIRES	2.166	198
CATAMARCA	42	242
CÓRDOBA	741	370
CORRIENTES	118	401
ENTRE RIOS	622	160
JUJUY	85	121
LA RIOJA	33	206
MENDOZA	246	145
SALTA	76	211
SAN JUAN	86	156
SAN LUIS	128	283
SANTA FE	930	289
SANTIAGO DEL ESTERO	187	502
TUCUMAN	195	318

Figura 10: Escolas Nacionais e Provinciais em 1930.

Havia necessidade de um novo movimento para revitalização da educação. O ensino técnico não respondia em suas estruturas às exigências reais das necessidades do país. Em 1939, é apresentado um Projeto de Lei Nacional de Educação Comum e Instrução Primária, Média e Especial. No entanto, o projeto foi criticado por suas tendências centralizadoras. Em consequência, o ensino continuou sem mudanças substanciais. O laicismo centralizou seus argumentos em defesa da lei 1.420 considerada como a origem da escola popular, gratuita, laica e obrigatória (PUIGGRÓS, 2006).

Seguem-se sucessivas crises econômicas, cresce o desemprego, muitos abandonam o campo e, em 1945, acontece um novo golpe militar, quando ascendeu ao poder Juan Domingo Perón, um coronel que trabalhava no Ministério do Trabalho e que se transformaria num dos principais caudilhos de toda a América Latina. Este chega à presidência em 1946 e depois em 1952, instituindo um programa econômico autoritário baseado na industrialização e na autodeterminação, sucesso entre conservadores e também entre a massa de trabalhadores.

Em 1947, Perón anunciou um plano de cinco anos baseado no crescimento das indústrias nacionalizadas. Evita, sua primeira esposa, ajudou-o intensamente com um trabalho dedicado a grupos de mulheres. Por meio de sua influência, as mulheres conquistaram o direito de voto em 1947. Infelizmente, com sua morte, em 1952, lamentada profundamente pela população argentina, Perón perdeu um aliado político importante (DEVOTO e FAUSTO, 2008). Em 1949, havia conseguido, por meio de uma emenda constitucional, um segundo mandato, mas um novo golpe militar o tirou do poder em 1955. É banido por influência dos militares, em 1955, e foi sucedido por um longo período de alternância entre ditaduras militares e breves governos democráticos. Mesmo no exílio, ele continuou mantendo contato com os sindicatos, ainda com grande influência política.

A partir de 1949, desenvolveu-se a chamada educação justicialista e um plano quinquenal determinou que os alunos devessem ter conhecimentos humanistas e também de utilidade prática, a escola deveria descobrir a vocação dos alunos e distribuir os alunados de forma a conseguir um maior número de técnicos. Seus objetivos seriam procurar uma maior especialização, incrementar a criação e instalação de escolas privadas nas fábricas e orientar os planos e programas para cumprimento dos objetivos do plano, desenvolvendo novas especialidades.

Os anos 1950 e 1960 foram marcados por frequentes golpes de estado, mas enquanto a década de 50 se caracterizou por baixo crescimento econômico, inflação e conflitos sociais, a década seguinte exibiu elevadas taxas de crescimento. Em 1956, foram realizadas eleições especiais para reformar a Constituição. O Partido Radical vence, apesar de 25% de cédulas em branco, como protesto pelo proibido partido peronista. Também em apoio do peronismo, a ala esquerda do Partido Radical, liderada por Arturo Frondizi, deixou a Assembleia Constituinte, que, em consequência, foi severamente prejudicada.

No terceiro ciclo da educação argentina, compreendido entre 1943 e 1955, continuaram as discussões sobre a obrigatoriedade do ensino religioso. No entanto, o período apresentou uma nova estruturação administrativa e foi definitivamente fixada a gratuidade do ensino superior, uma grande conquista do país. O ensino técnico foi reestruturado com a criação da Comissão Nacional de Aprendizagem e Orientação Profissional pelo decreto 14.538/44, convertido depois na lei 12.921/1946. Nesta comissão havia representantes dos ministérios de educação, trabalho, indústria e comércio e associações profissionais de trabalhadores e patronais. Por meio desta comissão, o estado passou a intervir diretamente na formação operária, que acontecia nas escolas-fábrica. A escola técnica dividia-se em três ciclos: básico, técnico e universitário.

CICLOS DA ESCOLA TÉCNICA ARGENTINA

	CICLO BÁSICO	CICLO TÉCNICO	CICLO UNIVERSITÁRIO
DURAÇÃO	3 anos	4 anos	4 ou 5 anos
PÚBLICO	14 a 18 anos instrução primária completa	concluintes do ciclo básico	concluintes do ensino secundário
TÍTULO	Perito	Técnico	Técnico superior (Universidade Obrera nacional)

Figura 11: Ciclos da escola técnica argentina.

O período de 1958 a 1966 trouxe uma relação mais estreita entre educação e desenvolvimento e se marcou pela tomada de consciência da relação entre economia, educação e estrutura social, pois é fato notório que as sociedades mais desenvolvidas são aquelas em que esta relação se compreende e se articula. Foram fatores decisivos a urgência em aumentar a capacidade produtiva e melhorar os recursos humanos, diversificando cada vez mais o número de ocupações.

Segue-se o capítulo 2, em que será apresentada uma reconstituição comparada da história da educação profissional do período de 1960 até a década de 1980, vinculada às leis e diretrizes governamentais do período.

Capítulo 2

EDUCAÇÃO E DITADURA

Segundo Devoto e Fausto (2008: 365), os regimes militares brasileiro e argentino foram concebidos por Guilhermo O'Donnell, cientista político argentino, a partir do conceito de BA (estado autoritário, estado burocrático) e buscava atender ao domínio da classe burguesa oligárquica e transacional. A BA pretendia normalizar a economia, reimplantar a ordem, com a exclusão das classes populares do poder. Teve como consequência um movimento generalizado de privatização do Estado e um grau acentuado de autonomia estatal, especialmente no Brasil.

Argentina e Brasil sofreram interrupções na ordem institucional em períodos concomitantes. No Brasil, estas aconteceram em 1930, 1937, 1945, 1954 e 1964 e, na Argentina, em 1930, 1943, 1955, 1962 e 1964.

No período que será comentado a seguir, iniciado em 1964 e finalizado por volta de 1985, os dois países viveram sob domínio militar, no Brasil sob a forma de ditadura explícita, na Argentina, por vezes disfarçado em regime presidencial eleito pelo povo. Nesse período, observando-se os grupos sociais dos dois países, o que chama a atenção é a modernização dos hábitos de consumo, principalmente nas cidades. Modificam-se os costumes, a juventude universitária tem Fidel Castro como herói, há um movimento cultural vanguardista bastante expressivo. No entanto, entre os portenhos, o governo de Illia (1963-1966) apresentava ainda um perfil antigo que não condizia com as profundas modificações por que passava a sociedade.

> *A muchos les parecía que lo que ocurría en la Argentina no era solo un problema de legitimidad sino una inadecuación entre sistema político y representación social, en especial por la insuficiente representación política de los que mandan. Un reflejo de ello podía observarse en la prensa, que era completamente hostil al gobierno, o entre los grandes empresarios, mucho más cercanos al desarrollismo.*
> (DEVOTO e FAUSTO, 2008: 356-357)

Após a derrubada de Perón em 1955 e de seu exílio de 18 anos na Espanha, o principal conflito argentino continuou sendo entre os seguidores de Perón e os militares que o haviam deposto. Em consequência, sucessivos chefes militares impediam que os peronistas participassem do processo eleitoral como candidatos eletivos, gerando um clima perene de guerra civil, que acabou originando o banho de sangue que ocorreu de 1976 a 1978. A juventude esquerdista iniciou, em 1969, um movimento de guerrilha urbana que também acabou acontecendo em vários outros países da América Latina.

No entanto, a economia mantinha-se estável, com crescimento positivo devido aos aumentos do gasto público, dos salários e da oferta monetária, com o PIB crescendo cerca de 10% anualmente. A inflação estacionou em torno de 30% entre 1965 e 1966. Com a finalidade de incrementar o comércio exterior, o governo controlava o câmbio, tentando estabilizar as importações realizando a substituição de alguns itens do setor automotivo. Mas a debilidade política era evidente, pois o poder era exercido por uma frente militar cuja base de sustentação era o Pentágono americano.

A Argentina apresentava, no período, um fator diferenciado na constituição e desenvolvimento dos sistemas educacionais voltado para a educação profissional que fora a criação, em 1948, da Universidade Obrera Nacional/UON, de inspiração do grupo peronista e que constituiu "um segmento paralelo ao ensino secundário e superior tradicionais" (CUNHA, 2000: 59). Em 1956, passa a chamar-se Universidade Tecnológica Nacional. Era destinada aos egressos das escolas da Comissão Nacional de Aprendizagem e Orientação Profissional ou das escolas industriais públicas e que possuíam um certificado de trabalhadores. Este projeto pretendeu atender às necessidades do mercado de trabalho quanto a técnicos e engenheiros e à demanda por cursos profissionais de nível médio e superior.

Segundo Paz (1980), começa-se a trabalhar com uma nova perspectiva, o aprendizado como inversão. Como inversão, a educação assume o caráter de insumo e como tal deve-se investigar o seu caráter econômico, avaliando-se sua eficácia e rendimento. Em 1958, o Seminário Interamericano sobre Planejamento Integral da Educação, realizado em Washington pela OEA e UNESCO, já havia proposto a reformulação dos sistemas educativos, mediante a presença de condições humanas, físicas e financeiras adequadas e da garantia de consulta periódica da opinião pública. Outro fator decisivo foi a criação do Conselho Nacional do Desenvolvimento CONADE, em 1961, assim como a criação do Conselho Nacional de Educação Técnica – CONET – em 1959, formados por representantes das empresas, do governo e do mundo escolar.

O Plano Nacional de Desenvolvimento (1965-1969) tornou necessário um planejamento educacional mais harmônico, por meio de uma política de coordenação que garantisse uma ação compatível dos objetivos pretendidos. Neste período, um grande número de alunos não terminava o ensino primário, havia elevadas porcentagens de alunos repetentes. O analfabetismo de adultos ainda era problema nas zonas rurais. Deveriam ser criados centros de alfabetização em lugares estratégicos, por meio de organismos distintos do Estado. Com respeito ao Ensino Médio, previu-se uma meta e incorporação de 40% da população em idade escolar, a fim de satisfazer a demanda de recursos humanos e corrigir as deficiências de capacitação técnica e administrativa de determinados setores da vida do país. Era preciso considerar que as diversas modalidades da educação técnica não atendiam a todas as áreas, pois os ramos do bacharelado, comercial e normal abarcavam a maior parte do ensino médio, mas era menor a participação do ensino técnico industrial e da agropecuária. Era premente a necessidade de pessoal capacitado para a expansão da indústria, e para melhorar a produtividade agropecuária das grandes regiões do país, favorecendo a escola primária nas regiões rurais.

Outro fator relevante foi o Decreto 12.179/60, que rompeu a relação de dependência dos colégios privados com os colégios oficiais. Os colégios privados se converteram em unidades técnico-administrativas de gestão própria, podendo fornecer toda a documentação necessária, expedir títulos habilitantes e integrar as mesas examinadoras com seus próprios professores. Em 1964, 21% dos estabelecimentos educativos eram privados, laicos e religiosos. No ensino secundário, 60,7 % dos estabelecimentos eram privados e atendiam 45% dos alunos.

Em 1961, já havia 5.000 engenheiros formados no país e, até 1965, formaram-se anualmente mais 7.000, aumentando significativamente sua presença na economia Argentina. Além disso, o número de formados nas diversas modalidades da engenharia, como industrial, química, naval, superava várias vezes o número de formados em áreas mais tradicionais, como a engenharia civil.

Segundo Teitel e Thoumi (1986: 139)

> *A força de trabalho argentina revelou-se facilmente adaptável às tecnologias e práticas industriais modernas. Seu nível de instrução geral (que proporciona mais flexibilidade e adaptabilidade a*

> *mudanças de circunstâncias e exigências de treinamento) e, em particular, a proporção relativamente alta de engenheiros e técnicos tornaram possível a rápida utilização da maioria das tecnologias importadas e sua adaptação às condições locais com baixos custos.*

No Brasil, pode-se dizer sobre a década de 1960 que a crise que gerou a ditadura militar brasileira caracterizou-se por ser cíclica e endógena, típica de uma economia industrial ou capitalista (GREMAUD ET ALLI, 2002).

Sabemos que João Goulart se deparou com graves problemas de infraestrutura básica que tolhiam o desenvolvimento preconizado e iniciado por Juscelino. A indústria sofria com água e eletricidade escassas, com apenas mil quilômetros de estradas pavimentadas (SKIDMORE, 1988) e com um sistema ferroviário inadequado tecnicamente e insuficiente. Na área social, caracterizada pelas massas migratórias do campo para a cidade, havia falta de empregos, escolas e moradias. Em 1963, apoiado pelos sindicatos, Goulart passa a defender um conjunto de reformas que chamou "reformas de base" e que incluíam reforma agrária, educação, impostos e habitação. Somente a partir destas reformas seria possível, segundo seu ponto de vista, resolver as grandes questões econômicas, como o impasse do balanço de pagamentos e a inflação. A oposição a seu governo, encabeçada pela UDN e pelos militares, apregoava que na verdade ele não tinha intenções de iniciar reformas, mas sim de tomar o poder pela força. Paradoxalmente, o Congresso Nacional, embora não apoiasse as reformas do presidente, recusava-se a afastá-lo por *impeachment.*

Goulart tenta o apoio do povo em detrimento do apoio parlamentar e inicia uma série de comícios em que é vibrantemente aplaudido, sendo aos poucos apoiado por todos os segmentos da esquerda. Em fins de março de 1964, militares da mais alta patente se reuniram e rapidamente tomaram conta do país, numa grande operação, depondo Goulart e prendendo ativistas de esquerda, sindicalistas, estudantes e membros de ligas camponesas. Segundo Skidmore (1988: 44) "o golpe recebeu esmagador apoio da imprensa, que salientou a atuação de civis", além de governadores e parlamentares que procuraram se beneficiar com a exposição pública.

Na verdade, podemos dizer que a revolução de 64 aconteceu quando os militares aliaram-se à hegemonia capitalista nacional e internacional, usando como pretexto a Segurança Nacional para conduzir o Estado rumo aos objetivos propostos pelo projeto de desenvolvimento capitalista já iniciado no país. Segundo Rodrigues (1987: 71)

> *Talvez se possa até concluir que o movimento de 64 vai representar a consolidação do projeto de desenvolvimento industrial capitalista para o Brasil e a adequação radical entre a estrutura do poder, o Estado e a sociedade para a realização plena do projeto histórico delineado a partir da década de 30.*

Mesclam-se no novo Estado os interesses da reprodução e resguardo do capital e da exploração da força de trabalho. Ou seja, no período de 1964 até 1985 – assim como havia já acontecido de 1937 a 1945 – vivenciamos o que Gramsci chama de um período de dominação sem hegemonia. Coutinho (2006: 182) assim coloca a questão:

> *[...] o que caracteriza aquilo que Gramsci chamou de "ditadura sem hegemonia" é o fato de que, neste tipo de estado, existe certamente uma classe dominante, que controla direta ou indiretamente o aparelho governamental, mas o projeto político dessa classe não tem o respaldo consensual do conjunto, ou da maioria da sociedade.*

Em consequência, procurou-se frear as conquistas populares obtidas no governo Goulart, houve inúmeras cassações de mandatos de representantes do Poder Legislativo, com prisões e exílios, milhares de funcionários públicos perderam seus cargos e foram submetidos a inquéritos policiais militares, o povo não podia mais escolher o Presidente da República, os governadores e os prefeitos, considerados cargos de segurança nacional.

A educação brasileira também passou a vítima do autoritarismo nacional:

> *Reformas foram efetuadas em todos os níveis de ensino, impostas de cima para baixo, sem a participação dos maiores interessados – alunos, professores e outros setores da sociedade. Os resultados são os que vemos em quase todas as nossas escolas: elevados índices de repetência e evasão escolar, escolas com deficiência de recursos materiais e humanos, professores pessimamente remunerados e sem motivação para trabalhar, elevadas taxas de analfabetismo.* (PILETTI, N. e PILETTI, C., 2006: 200)

No período, reformas institucionais eram necessárias na educação brasileira, tanto para o setor público como para o setor privado, pois nenhum dos dois setores tinha financiamentos atrelados. As melhores escolas secundárias eram particulares e reservavam às classes mais altas da população o direito de passar no vestibular e ingressar na universidade. A figura a seguir apresenta dados do IBGE sobre a quantidade de técnicos, artífices e mestres formados no Brasil até 1959:

REGISTRO DE DIPLOMAS NO MINISTÉRIO DE EDUCAÇÃO E CULTURA

DIPLOMAS REGISTRADOS NA DIRETORIA DO ENSINO INDUSTRIAL – 1959

a) Segundo a natureza dos cursos e a localização do estabelecimento que conferiu o diploma

ESPECIFICAÇÃO	Diplomas registrados durante o ano
TOTAL	2.599
Segundo a natureza dos cursos	
ARTÍFICE DE:	
Alfaiataria	58
Alvenaria e revestimento	4
Aparelhos elétricos e telecomunicações	32
Artes do couro	32
Caldeiraria	14
Cantaria artística	1
Carpintaria	15
Cerâmica	16
Chapéus, flores e ornatos	141
Corte e costura	482
Fundição	71
Gravura	13
Máquinas e instalações elétricas	73
Marcenaria	210
Mecânica de automóveis	35
Mecânica de máquinas	514
Mecânica de precisão	5
Pesca	19
Pintura	37
Serralheria	78
Tipografia e encadernação	114

DIPLOMAS REGISTRADOS NA DIRETORIA DO ENSINO INDUSTRIAL – 1959

a) Segundo a natureza dos cursos e a localização do estabelecimento que conferiu o diploma

ESPECIFICAÇÃO	Diplomas registrados durante o ano
MESTRIA DE:	
Carpintaria	1
Chapéus, flores e ornatos	4
Corte e costura	51
Fundição	1
Marcenaria	16
Mecânica de máquinas	27
Pintura	11
TÉCNICO DE:	
Agrimensura	94
Artes aplicadas	6
Desenhista técnico de máquinas de eletrotécnica	18
TÉCNICO DE: (CONCLUSÃO)	
Desenho técnico	1
Desenho técnico de arquitetura e de móveis	7
Edificações	26
Eletrotécnica	99
Indústria têxtil	22
Mecânica	96
Metalúrgica	27
Pontes e estradas	9
Química especializada	113
PEDAGÓGICO:	
Licenciado em didática	6

DIPLOMAS REGISTRADOS NA DIRETORIA DO ENSINO INDUSTRIAL – 1959	
a) Segundo a natureza dos cursos e a localização do estabelecimento que conferiu o diploma	
ESPECIFICAÇÃO	Diplomas registrados durante o ano
Segundo a localização do estabelecimento que conferiu o diploma	
Acre	–
Amazonas	48
Pará	10
Amapá	–
Maranhão	28
Piauí	50
Rio Grande do Norte	27
Paraíba	3
Pernambuco	50
Alagoas	36
Sergipe	1
Bahia	115
Minas Gerais	70
Espírito Santo	119
Rio de Janeiro	209
Guanabara	319
São Paulo	1150
Paraná	30
Santa Catarina	74
Rio Grande do Sul	179
Mato Grosso	21
Goiás	47
No exterior	10
Não declarada	3

Figura 12: Registro de diplomas, 1959. FONTE: Serviço de Estatística da Educação e Cultura. Tabela extraída de: Anuário estatístico do Brasil 1960. Rio de Janeiro: IBGE, v. 21, 1960.

Como pode ser observado, a década anterior apresentara números bastante inexpressivos de técnicos formados no Brasil.

> *O sistema educacional não somente deixava de cumprir as metas mínimas de alfabetização para o povo em geral, mas também não procurava preparar a força de trabalho qualificada que a industrialização reclamava. O Brasil dependia quase totalmente de tecnologia importada possuída por empresas como a Brown Boveri (geradores), Bayer (medicamentos), Bosch (equipamentos elétricos), Coca-Cola (refrigerantes) e Volkswagen (veículos).* (SKIDMORE, 1988: 32)

Na verdade, o Brasil ainda nem sequer imprimia a própria moeda, sendo esta tarefa realizada por empresas americanas ou inglesas. Observe-se a distribuição de cursos técnicos existentes no período, por área profissional:

CURSOS TÉCNICOS E SISTEMAS

ESPECIALIDADES	FEDERAL	ESTADUAL	SENAI	ISOLADAS	TOTAL
Química	5	2		37	44
Mecânica	15	4		9	28
Eletromecância	6	1		4	11
Eletrotécnica	18	6		9	33
Eletrônica	4	2		14	20
Edificações	19	7		2	28
Estradas	17	4		1	22
Mineração e Metalurgia	2			6	8
Agrimensura	7	3		5	15
Desenho de Máquinas	3	1		3	7
Têxtil			2		2

ESPECIALIDADES	FEDERAL	ESTADUAL	SENAI	ISOLADAS	TOTAL
Curtimento			1		1
Cerâmica			1		1
Des. móveis/ Arquitetura	1	1		1	2
Decoração	1			1	2
Telecomunicações				1	1
Construção Naval	1	1		1	2
Refrigeração				1	1
Manutenção Aeronáutica				1	1
Prótese		2		1	3
Meteorologia	1	1			2
Economia Doméstica		2		2	4
Dietética e alimentação		1		1	2
Artes Aplicadas		1			1
Saneamento	1				1
Laboratório	1				1
TOTAL	102	39	4	98	243

Figura 13: Distribuição de Cursos Técnicos. (CUNHA, 1977: 92)

Em 1968, acontece a Reforma Universitária por meio da Lei 5.540/1968, que não correspondeu aos anseios dos estudantes por mais vagas, aumento do corpo docente, mais verbas e recursos para as universidades. Limita-se a lei à extinção da cátedra e sua substituição por departamentos; à organização da universidade em unidades; à introdução de currículos flexíveis proporcionados pelo sistema de créditos; introdução de exames vestibulares unificados e instituição de cursos de pós-graduação e de extensão. Esta reforma correspondeu aos acordos assinados pelo MEC e a Agência Interamericana de Desenvolvimento dos Estados Unidos (acordo MEC-USAID).

A Reforma Universitária conseguiu, a partir de 1969, neutralizar a luta dos estudantes por maior número de vagas por meio das seguintes medidas:

1. O vestibular classificatório acabou com a presença de alunos excedentes, ou seja, somente são aprovados tantos candidatos quantas forem as vagas;
2. Adota-se um modelo burocrático empresarial que buscava apenas eficiência burocrática na universidade;
3. Diminuíram-se as disciplinas que demandavam reflexão e discussão, como as disciplinas filosóficas, que se tornam optativas;
4. Incentiva-se a multiplicação de vagas em escolas particulares.

É instituído, em 1971, o segundo grau profissionalizante, que deveria desviar a procura por vagas nos cursos superiores. Isso não acontece e posteriormente, em 1982, revoga-se a obrigatoriedade do segundo grau profissionalizante, tema que será objeto de discussão mais adiante.

Em 1969, foi criado pelo decreto-lei 616 o Centro Nacional de Aperfeiçoamento de Pessoal para a Formação Profissional (CENAFOR), vinculado ao Ministério de Educação e Cultura, destinado à preparação e especialização de recursos humanos que atuam na formação profissional.

As grandes metas iniciais do governo militar foram conter a inflação e legitimar o governo de exceção. Castelo Branco emite o AI-2 que dava ao executivo plenos poderes para passar por cima das decisões do Congresso Nacional. Roberto Campos e um grupo de economistas elaboram o PAEG – Plano de Ação Econômica do Governo.

Este plano pretendia acabar com a inflação e criar bases para o desenvolvimento nacional, mas à custa de uma série de medidas impopulares, responsáveis pela deterioração da situação política do país. Em seguida, outro ato institucional determinava a existência de apenas dois partidos políticos, a ARENA e o MDB[10] e de eleições indiretas para presidente.

Foi iniciada uma série de reformas do sistema financeiro e do mercado de capitais, baseada no modelo financeiro norte-americano, caracterizado pela especialização e segmentação do mercado. A Reforma do Setor Externo teve como objetivos estimular o desenvolvimento, evitando as pressões sobre o balanço de pagamentos, melhorar o comércio externo e atrair o capital estrangeiro.

O BIRD, até 1965, financiou principalmente projetos mundiais de infraestrutura física – comunicação, transporte e energia. A partir de 1965 passa a fornecer crédito e assistência a países de terceiro mundo. Em 1968, investe 215 milhões de seu crédito total na América Latina, com reflexos na educação brasileira que passou a ser vítima do autoritarismo reinante. Várias reformas começam a ser realizadas em todos os níveis, sem a participação dos seus principais atores, professores e alunos.

A figura abaixo demonstra que a população de 5 a 19 anos, de 1920 a 1970, cresceu bastante no país, mas que as taxas de escolarização foram insuficientes:

MATRÍCULAS 1920-1970

ANOS	POP. de 5 a 19 anos	Matrícula primário	Matrícula Médio	Total matrículas	Taxa escolarização	Crescim./ população	Crescim./ matrícula
1920	12.703.77	1.033.421	109.281	1.142.702	8,99	100	100
1940	15.530.819	3.068.269	260.202	3.328.471	21,43	122,26	291,28
1950	18.826.409	4.366.792	477.434	4.924.226	26,15	148,20	430,92
1960	25.877.611	7.458.002	1.177.427	8.635.429	33,37	203,71	755,70
1970	35.170.643	13.906.484	4.989.776	18.896.260	53,72	276,66	1.653,64

Figura 14: Crescimento Populacional e Escolarização.
Fonte: IBGE. Série Estatísticas Retrospectivas, 1970.

---

10 Aliança Renovadora Nacional e Movimento Democrático Brasileiro.

Em 1967, assumiu Costa e Silva como presidente eleito indiretamente. Ele representava a linha dura do exército. O regime tornou-se mais rígido e as manifestações contrárias ao governo foram reprimidas com violência. Em 1967, é criado o Plano Decenal de Desenvolvimento Econômico e Social pela necessidade endógena de planejamento em longo prazo. Este plano decenal incluía orçamentos regulares, inclusive para governos estaduais e municipais, agências autônomas e sociedades de economia mista, com enfoque macroeconômico visando ao crescimento do país. Infelizmente este plano nunca saiu do papel.

De modo geral, houve importantes mudanças na vida cultural do país, como o surgimento do Cinema Novo, desvinculado do cinema americano, buscando a identidade nacional, assim também como a criação, pelos estudantes, de centros populares de cultura, para chamar a atenção para a realidade política do país.

Politicamente, o momento era difícil. Em dezembro de 1968 foi lançado o AI-5, Decreto-Lei 477/1969 que fechava o congresso, suspendia os direitos políticos e garantias constitucionais individuais, com intervenção nos estados e possibilidade de decretação de estado de sítio apenas por ordem do executivo. Diz o artigo 1:

> *Art. 1. Comete infração disciplinar o professor, aluno, funcionário ou empregado de estabelecimento de ensino público ou particular que:*
> *I – alicie ou incite à deflagração de movimento que tenha por finalidade a paralisação de atividade escolar ou participe nesse movimento;*
> *II – atente contra pessoas ou bens tanto em prédio ou instalações, de qualquer natureza, dentro de estabelecimentos de ensino, como fora dele;*
> *III – pratique atos destinados à organização de movimentos subversivos, passeatas, desfiles ou comícios não autorizados, ou deles participe;*

IV – conduza ou realize, confeccione, imprima, tenha em depósito, distribua material subversivo de qualquer natureza;
V – sequestre ou mantenha em cárcere privado diretor, membro de corpo docente, funcionário ou empregado de estabelecimento de ensino, agente de autoridade ou aluno;
VI – use dependência ou recinto escolar para fins de subversão ou para praticar ato contrário à moral ou à ordem pública.

As penas previstas no caso de infração iam, para professores, da demissão à proibição de ser contratado durante cinco anos; para alunos, desligamento e proibição de matrícula por 3 anos, perda de bolsa de estudos e retirada do território nacional para estrangeiros.

Com o AI-5, a União Nacional dos Estudantes – UNE e as Uniões Estaduais somente voltaram à ativa em 1985.

Fazendo-se um balanço econômico da década de 1960, podemos verificar que a produção na área de metalurgia, automóveis, máquinas, equipamentos elétricos e de transporte cresceu bastante tanto no Brasil como na Argentina, a importação nas áreas citadas diminuiu substancialmente, mas as exportações continuaram insignificantes. Na década seguinte, 1970 a 1980, o quadro mudou e os dois países finalmente ingressaram no mercado internacional com bastante intensidade.

Segundo Teitel e Thoumi (1986: 145)

> *[...] no início dos anos 60 os manufaturados exportados pela Argentina e pelo Brasil eram essencialmente baseados em recursos naturais e envolviam um grau limitado de beneficiamento industrial. Quando examinamos a composição das exportações de manufaturados no final dos anos 70, a primeira mudança observada é a diminuição*

da importância desta categoria de exportações em ambos os países.

Por exemplo, na Argentina, a indústria de metalurgia e metaloplastia em 1961 apresentava índices menores a 1%, mas em 1979 já apresentavam índices de 13,5%. No Brasil, os índices são equivalentes. O déficit fiscal cedeu nos dois países após a implantação do PAEG e muitas obras foram realizadas.

Segundo Arvate e Lucinda (2002: 2-6),

> *O Programa de Ação Econômica do Governo (PAEG) foi elaborado pelo Ministério do Planejamento e Coordenação Econômica para o governo militar empossado em março de 1964 com o objetivo claro de resolver os problemas identificáveis da economia brasileira naquele momento.*

Os problemas então apontados como principais eram a inflação elevada e a queda na taxa de crescimento do produto (de 10,3% em 1961 para 1,6% em 1963), demonstrando que não havia mais espaço para crescer dentro desse modelo.

Na Argentina, por exemplo, foi incentivado o ingresso de capitais estrangeiros com compra de empresas argentinas como bancos, indústrias automotivas e de cigarros e a construção da represa hidroelétrica de El Chacón e da central nuclear Atucha, além da expansão das vias de transporte e crédito destinado a construções privadas são algumas ações do período. O chamado Plano Krieger Vasena, autodenominado como liberal, manteve e até ampliou as funções de intervenção do Estado. Em 1970, no entanto, cai Ongania e a junta dos Comandantes colocou Levingston na presidência. O ministro Aldo Ferrer mudou os rumos da economia, em especial os destinados aos setores de crédito e a empresas do Estado e volta à fórmula nacionalista e populista com aumentos salariais. As universidades nacionais sofrem intervenção do estado por meio do decreto 16.912/1966 e a transformação da universidade, em curso desde 1955, é abruptamente interrompida. A gestão acadêmica e científica sofreu um rude golpe ao ser eliminada a gestão tripla e a autonomia universitária, convertendo reitores e decanos em administradores dependentes do Ministério da Educação. Um grande número de professores (60%) renuncia ao cargo. No entanto, o efeito político foi curioso, pois os estudantes proscritos aproximaram-se dos peronistas, e, em 1973, é criada a Juventude Universitária Peronista, que ganha as eleições para os centros de estudantes (PRONKO, 2001). Até então, os estudantes criticavam o peronismo, considerado ultrapassado e corrupto.

Um acordo com os peronistas prevê o restabelecimento do regime democrático, mas, em 1971, Levingston cai e sobe Lanusse com uma proposta que previa o retorno dos militares aos quartéis. No entanto, isso não se concretizou devido a ações guerrilheiras, gerando tortura e morte de suspeitos contra o regime e abandono da fórmula do nacionalismo distributivo. São chamadas eleições para 1973 e Perón comanda um jogo político, colocando Campora no governo. É apoiado pela Juventude Peronista, Montoneros, FAR e FAP *(Fuerzas Armadas Peronistas)*, mas assume uma postura firme contra os peronistas de direita[11].

Campora coloca membros progressistas em sua equipe, como o ministro do Interior Esteban Righi e o Ministro da Educação, Jorge Taina, mas inclui também membros da facção trabalhista e políticos de direita, como José López Rega. Este governo segue uma política econômica peronista tradicional, apoiando o mercado nacional e distribuindo riqueza. No entanto, a crise petrolífera de 1973 afeta gravemente o país e quase 600 conflitos sociais, greves ou ocupações ocorreram no primeiro mês do seu governo. Em meio aos graves conflitos que

---

11 Campora declara durante o seu primeiro discurso: "La sangre derramada não será negociada".

se sucederam, Perón resolve retornar ao país em 20 de junho de 1973, aclamado por dois milhões de pessoas no aeroporto Ezeiza. Manifestantes de direita, no entanto, dispararam sobre as massas, matando pelo menos treze pessoas e ferindo mais trezentas. O acontecimento gera a demissão de Campora e o vice assume a presidência com a tarefa de organizar eleições. No mesmo ano novas eleições acontecem com a vitória da dupla Perón/Isabelita.

Perón assume uma atitude ambígua, por um lado dialogando com os partidos e defendendo a democracia e a unidade nacional e por outro lado insistindo no anti-imperialismo para agradar aos justicialistas. A inflação finalmente cede, com redução dos problemas da balança dos pagamentos e superávit comercial, graças às exportações.

Logo em seguida, em 1973, a inflação retorna com o aumento dos preços do petróleo e o encarecimento das importações. Perón morre em meio a crise e Isabelita assume o poder. Em seguida, pela primeira vez o governo peronista pede ajuda ao FMI e Isabelita assume uma postura ortodoxa de governo para enfrentar a hiperinflação:

HIPERINFLAÇÃO NA DÉCADA DE 1970

Taxas	Ano
30,6%	1974
197,7%	1975
438%	1976

Figura 15: Níveis de hiperinflação 1974-1976.

Na verdade, a partir da década de 1970, a Argentina passa por intensas transformações devidas à crise do sistema capitalista no país e em toda a América Latina. Tornaram-se necessários ajustes estabelecidos por influência de países que detinham o poder econômico ou por agências que representavam esse poder. Com a retirada do Estado de suas funções básicas como educação, saúde e assistência, aumentou a pobreza dispersa em todo o seu território.

Em 1976 a Argentina sofreu novo golpe militar, aparentemente focado na eliminação dos grupos armados (em especial, os Montoneros) e do Exército Revolucionário do Povo.

Em 1971 e 1976 foram definidas leis de transferência de tecnologia e, nas leis destinadas ao desenvolvimento industrial, se introduziram artigos que falavam em promover o desenvolvimento tecnológico, mas ainda com poucos efeitos reais. Segundo Cornejo (2006: 7) "no existió coordinación entre los planes de Ciência y Tecnologia y las políticas econômicas e industriales".

Na prática correspondeu a um período de tomada de consciência da importância da relação entre economia, educação e estrutura social, pois as sociedades mais desenvolvidas são aquelas em que esta relação se compreende e se articula. Havia urgência em aumentar a capacidade produtiva e melhorar os recursos humanos para um número cada vez mais diversificado de ocupações.

A partir de 1966, a Argentina iniciara o chamado sexto ciclo da educação, com tentativas de modernização e reformas no sistema educativo nacional. O primeiro grande movimento é o de criação de uma Lei Orgânica com racionalização do sistema educativo, redefinindo-se os fins e objetivos do ensino condicionados agora por uma formação moral, cultural, científica, técnica e artística. Neste momento, era crítica a situação educacional em alguns setores, como 51% de abandono no nível primário, que apresentava índices de 26% de repetência. A população de mais de 14 anos apresentava índices de analfabetismo de mais de 20%. O bacharelado e a educação profissional trabalhavam com modelos superados e havia abandono de 70% no ensino superior. Uma Reforma Educativa centrada em análises de experiências e não em ideias abstratas é colocada em prática (PAZ, 1980). O novo modelo tinha a seguinte estrutura:

1. Pré-Elementar (dois anos de duração)
2. Elementar (cinco anos de duração, em 2 ciclos, um de 3 e depois mais 2 anos)
3. Inter-médio (três ou quatro anos de duração, com orientação vocacional e aprendizagem experimental, tecnologia moderna e cultura geral básica)
4. Médio (três ou quatro anos de duração, politécnico, formação filosófica, moral e política e ingresso imediato em áreas profissionais)
5. Superior (duração variável)

Segundo Cornejo (2006), esta divisão em dois períodos, tanto da escola primária quanto da escola média, promovia a preparação de formas artesanais de produção, quando deveria capacitar o estudante para trabalhar com as novas ferramentas científicas introduzidas pelos novos avanços tecnológicos.

As características propostas por este novo modelo são o fim das teorizações e a nova relação entre professor e aluno, o aluno deveria desenvolver atitudes criadoras por meio do intercâmbio de opiniões e experimentação. O novo currículo pretendia abarcar todas as atividades do aluno, segundo novos conteúdos e métodos pedagógicos. Cada unidade-escola deveria estabelecer seu currículo, de acordo com as bases fixadas pelo ministério, com transferência das escolas nacionais às províncias e a criação do Conselho Federal de Educação pela lei 1.968/72. Esta reforma recebeu muitas críticas em virtude de ao mesmo tempo em que apresenta uma linguagem modernizante, desentende-se dos principais problemas da educação argentina, a evasão e o analfabetismo.

A obrigatoriedade do ensino primário já existia como lei há 90 anos e na prática nunca tinha sido efetivada. A proposta de elevar o magistério a nível superior foi considerada precipitada e irregular, pois não havia estudos aprofundados a respeito. Não havia pessoal preparado para colocar em marcha o plano educativo, pois não havia atos jurídicos válidos para determinar a futura formação dos professores primários. Era evidente a impossibilidade econômica de se levar a cabo o projeto, pois eram necessárias grandes somas de dinheiro da qual somente se beneficiariam os setores privados. A escola oficial continuava carente de recursos e de material didático.

No Brasil, no governo Médici, de 1969 a 1974, imperava o período chamado de "ditadura total". Instaurou a censura nos meios de comunicação e a repressão total a todo tipo de oposição. Em represália, começam guerrilhas, sequestros e ataques a bancos, inspirado pelas ações e pelo pensamento de Che Guevara e Mao Tsé-Tung. Aos poucos, o governo domina essa oposição armada. Tem início o chamado "milagre econômico", empreendido pelo ministro Delfim Neto, responsável pelo ataque maciço de capital estrangeiro. Foram introduzidas também a indexação e a alavanca cambial.

Para o período de 1968 a 1970, o governo enviou ao Congresso a proposta do primeiro Orçamento Plurianual de Investimentos – OPI. Tinha a intenção de permitir a integração plano-orçamento. O OPI cumpriu seu papel até o início de 1980.

No governo Costa e Silva foi elaborado o Programa Estratégico de Desenvolvimento para o período de 1968 a 1970, cujo objetivo era acelerar o crescimento econômico. Havia dois problemas básicos a serem resolvidos, o esgotamento das oportunidades de substituir importações e a crescente participação do setor público na economia. Era importante, também, criar uma política eficaz de distribuição de renda, preservando a capacidade de poupança e a recuperação do atraso tecnológico.

A Lei 5.537 de 21 de novembro de 1968 criou o FNDE – Fundo Nacional de Desenvolvimento da Educação, vinculado ao MEC, com a missão de captar recursos e aplicá-los no financiamento de projetos de ensino e pesquisa em todos os níveis. É o princípio do planejamento educacional atrelado ao planejamento nacional, finalmente implementado.

A política econômica de Costa e Silva mostrou-se eficaz e levou ao período chamado de Milagre Econômico, com taxas de crescimento de 11% ao ano e elevadíssimo crescimento industrial, de 1968 a 1973.

Na Argentina aconteceu, de 1972 a 1985, uma identidade de valores entre as Forças Armadas e os setores mais duros do antiperonismo tradicional para um projeto de longo prazo que apresentasse uma sociedade mais despolitizada, um Estado menos poderoso dominado pelas forças econômicas. O ministro Martinez de Hoz propunha, em seu novo Plano de Estabilização, uma economia de mercado, semelhante ao Chile e Uruguai.

Segundo Devoto e Fausto (2008) a proposta econômica dos militares argentinos continha os "germens de sua própria destruição", pois a combinação de choque tarifário com depreciação cambial agravou problemas estruturais na balança de pagamentos. Além disso, os militares não modernizaram o Estado, nem reduziram a ineficiência do setor industrial, atingido pesadamente pelo atraso tecnológico. A sociedade, de 1973 a 1983, sofreu pesados danos causados pelo arrefecimento da linha dura do exército, também chamada de Guerra Suja. Milhares de vítimas desaparecidas deram origem ao movimento das "Madres de la Plaza de Mayo", mulheres que até os dias de hoje permanecem à procura dos familiares desaparecidos e dos netos adotados por famílias pró-regime e que não sabem sua verdadeira identidade, arrancados que foram, pela ditadura, de suas famílias de origem, consideradas subversivas.

Evangelista (2008: 10), a partir da leitura do romance *Duas Vezes Junho*, de Martín Kohan, e do filme *O ano em que meus pais saíram de férias*, faz uma análise sobre as relações entre o futebol e a ditadura militar na Argentina e no Brasil nos anos 70, mostrando como o futebol foi responsável por encobrir a violência do regime:

> *Os eventos dos Mundiais na Argentina e no Brasil, naquela época, trazem à tona duas representações: primeiro, o futebol como mascaramento promovido pelos regimes ditatoriais militares e segundo,*

de modo paradoxal, como possibilidade de suscitar um sentimento de estranhamento da realidade. Notemos, contudo, que a primeira representação é dirigida ao coletivo, já que se baseia nos conceitos de homogeneidade e harmonia. Já a segunda, depende da constituição do sujeito em relação ao Outro e, portanto, de sua predisposição a um envolvimento não neutro com os fatos.[...] Escreve-se sobre a opressão do regime militar dos anos 70 através dos eventos do cotidiano, subvertendo a seleção do que é memorável, ou seja, não somente das lembranças coletivas, mas das individuais (e, por isso, mais subjetivas).

Em especial, a escola deste período sofreu com a regressão imposta pela reestruturação da atividade científico-tecnológica, com o descaso com o currículo escolar e com as metodologias de ensino, com exclusões sem sentido legitimadas por uma visão pseudo-científico piagetiana. A Cosmografia, por exemplo, foi sumariamente excluída do currículo escolar, e também diminuiu consideravelmente a produção nacional de livros didáticos. É reduzido o interesse pelas atividades experimentais e alguns locais de alto interesse educacional e científico são fechados sumariamente, como, por exemplo, o observatório astronômico do Colégio Nacional de Buenos Aires.

No Brasil, o ano de 1968 apresentara bom índice de prosperidade na indústria automobilística, devido ao crescimento da economia e de maior agressividade comercial por parte das empresas montadoras e da organização do mercado de crédito.

A partir de outubro de 1969, a equipe governamental começou a reunir-se para a elaboração de um novo plano de governo. A imprensa destacava que a linguagem do documento, tecnicamente econômica, causara estranheza aos ministros de áreas não econômicas, o que até teria levado Médici a adiar a execução do plano para que pudesse haver mais tempo de estudo do documento. Também há registro de que o Ministério das Relações Exteriores preparou uma longa análise crítica do projeto inicial. O Programa de Metas e Bases estava dividido em três partes: Objetivos, Estratégia e Ação para o Desenvolvimento. As grandes prioridades foram: revolução na educação e aceleração do programa de saúde e saneamento; revolução na agricultura e abastecimento; aceleração do desenvolvimento científico e tecnológico.

O documento colocou como meta o ingresso do país no mundo desenvolvido até o final do século. O I Plano Nacional de Desenvolvimento (1971) era mais específico e apresentou como objetivo-síntese a manutenção do Brasil na lista dos 10 países de maior nível global do PIB, passando da posição de nono para oitavo colocado e a superação da barreira dos 500 dólares de renda *per capita* em 1974. Os dois documentos enquadravam-se num projeto bastante comentado na época, intitulado Brasil Potência.

Em 1971 é implantado o primeiro Plano Nacional de Desenvolvimento (PND 1972-1974) baseado no "binômio político e ideológico de segurança e desenvolvimento" (MATOS, 2002: 47). Na área econômica, este primeiro PND teve elevado grau de execução. No entanto, na área social os avanços foram mínimos e a inflação, prevista para 10%, atingiu o patamar de 35%.

Os governos militares brasileiros tiveram o mérito de introduzir nos planos nacionais de desenvolvimento o planejamento da educação. O plano Decenal de 1967/76 chegou a estabelecer metas e objetivos educacionais, o Plano Trienal de 1972/74 e o Plano Quinquenal de 1975/1979 continham diretrizes gerais para o planejamento dos recursos humanos, cabendo ao MEC elaborar os planos setoriais.

O Plano Decenal 1967/76 realizou um diagnóstico econômico da educação, estabelecendo a quantidade de profissionais necessários para todos os níveis e ramos de especialização, calculado a partir de um PIB em crescimento. A previsão realizada pelo plano conduziu à elaboração de 4 planos específicos: formação de mão de obra industrial e rural, formação de profissionais em ciências médicas e magistério primário, estabelecendo orçamentos que deveriam ser disponibilizados pelo governo federal a cada um desses setores.

Especificamente o plano setorial 1972-1974 tinha como objetivo a taxa de retorno gerada pela educação. Foram elaborados trinta e três projetos para este plano: destacaram-se quatro para a escolarização de primeiro grau, três para a reforma do ensino médio (profissionalização do segundo grau, melhoria na remuneração do professor) e oito dirigidos à implantação da reforma universitária. Os restantes foram voltados para a reforma administrativa, pesquisas educacionais, atendimento a estados e territórios.

Os anos transcorridos entre 1964 e 1974 foram marcados por uma dualidade entre prosperidade econômica e cerceamento dos direitos políticos e civis. O PND 1972-1974 definira como objetivos nacionais:

- Colocar o Brasil na categoria de nação desenvolvida em uma geração;
- Duplicar até 1980 a renda *per capita* do país;
- Expandir o PIB de 222 bilhões para 314,5 bilhões;
- Investimentos em siderurgia, petroquímica, transporte. Construção naval, energia elétrica e mineração;
- Prioridades sociais: agricultura, saúde, educação, saneamento básico e incremento à pesquisa técnico-científica;
- Ampliação do mercado consumidor e da poupança interna com recursos do PIS/PASEP;
- Aumento da taxa de investimento bruto de 17% para 19%. (MATOS, 2002: 47)

Este 1º PND apresentou ótimos resultados na área econômica, mas na área social os resultados foram muito aquém dos previstos.

É importante ressaltar que os governos militares brasileiros foram protagonistas de um projeto de reforma do ensino secundário mediante a Lei 5.692/71, que produziu um grande impacto na educação brasileira. Esta lei equiparou formalmente o ensino secundário e os cursos técnicos, transformando o modelo humanístico/científico num científico/tecnológico. Por esta lei, o aluno somente poderia concluir o segundo grau mediante a obtenção de um diploma de auxiliar técnico (no final do terceiro ano) ou de técnico (no final do quarto ano). Cerca de 200 habilitações profissionais foram regulamentadas pelo Conselho Federal de Educação.

O Ensino Médio reformulado pela lei 5.692/71 apresentava este formato:

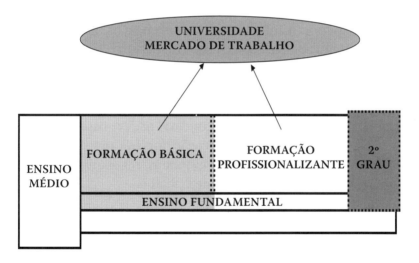

Como sabemos, a educação brasileira tem raízes europeias, especialmente francesa e alemã. Especificamente a educação profissional brasileira inspirou-se mais na tradição francesa, em que cursos das áreas profissionais são ligados direta ou indiretamente à educação acadêmica. Já na tradição alemã, os cursos profissionais não têm conexões com a escola formal, mas apenas com o ambiente empresarial. O SENAI foi criado por Getúlio Vargas no modelo germânico, distante da escola regular.

> Os cursos do SENAI não se dividiam por disciplinas, mas por séries metódicas, "uma sequência de pequenos projetos práticos onde se encaixam, em escala crescente de dificuldade, todas as operações e tarefas típicas do ofício". [...] "As séries metódicas nascem na oficina e voltam-se para a preparação de pessoas capazes de realizar as tarefas exigidas pela oficina". (CASTRO e OLIVEIRA, 1994: 100)

No Brasil, o Grupo de Trabalho da Reforma Universitária (criado em 1968) e o Relatório Meira Matos, embora voltados para a reformulação da universidade, propunham uma reformulação do ensino de segundo grau atrelada à reforma da universidade, tendo em vista um desvio da demanda pelo ensino superior. A intenção era que apenas "os mais capazes" teriam direito ao ingresso no ensino superior. A lei 5.692/1971 foi criada com esse propósito. As escolas técnicas mesclam as disciplinas acadêmicas com aquelas típicas de um ofício e podem oferecer diplomas de técnico que têm equivalência com o diploma oferecido pelo ensino secundário não profissionalizante.

No entanto, a profissionalização imposta ao segundo grau é acadêmica, organizada por disciplinas, regulamentada pela legislação e não pelo mercado de trabalho.

> Obviamente que o irrealismo das exigências e a falta de apetite para cumpri-las era um convite à fraude. No melhor dos casos, resulta na total ausência de interesse dos alunos das escolas de elite, com a geografia sendo disfarçada em turismo. Em outros, fracassa pela pobreza das escolas, incapazes de mobilizar os recursos materiais e intelectuais para fazer o que quer que fosse de útil e sério. (CASTRO e OLIVEIRA, 1994: 103)

O Parecer 45/1972 do Conselho Federal de Educação fixou o número de horas exigido para cada habilitação e um mínimo geral de formação especial:

1. Técnicos do setor primário – agricultura, pesca, criação de animais, produtos agrícolas e animais, mecanização agrícola, economia doméstica rural – 2.900 horas (1.200h de conteúdo profissionalizante)
2. Técnicos do setor secundário – organização industrial, economia industrial, mecânica, metalurgia, siderurgia, mineração, madeira, artes gráficas, cerâmica, couro, plástico, tecelagem, eletricidade, eletrônica, construção civil, química, alimentação, vestuário – 2.900 horas (1.200h de conteúdo profissionalizante)
3. Técnicos do setor terciário – comércio, administração, contabilidade, turismo, hotelaria, publicidade, bancos e valores, transportes, comunicações, administração doméstica, habitação, decoração, enfermagem, puericultura, vestuário, estética corporal, higiene e saúde, datilografia, estenografia, taquigrafia – 2.900 horas (900h de conteúdo profissionalizante)
4. Auxiliares técnicos – 2.200 horas (300h de conteúdo profissionalizante)

A lei 5.692 não vingou em relação à profissionalização. Não tinha condições de transformar todo o ensino de segundo grau em profissionalizante e foi sendo desfigurada por várias modificações, além de tornar mais ambíguo e precário o ensino médio. Além disso pretendia tornar a investir na terminalidade do ensino médio o que não aconteceu, pois este continuou a ser uma via de acesso para a universidade. Na verdade, como diz Cunha (1977: 121), "o verdadeiro objetivo da lei era diminuir o número de alunos excedentes no ingresso aos cursos superiores". O curso profissionalizante de segundo grau tinha muito pouco vínculo com as necessidades do mundo produtivo e quase nenhuma relação com este. Ao longo da História do Brasil observa-se que somente os cursos superiores são valorizados culturalmente.

Obedecendo à normatização do artigo 5 da lei 5.692, as Secretarias de Educação e Cultura começaram a realizar periodicamente estudos sobre mercado de trabalho. Foram realizadas pesquisas nas áreas de siderurgia, petróleo e petroquímica. No entanto, somente o SENAI e o SENAC, até 1980, formularam e ofereceram cursos com base na pesquisa realizada.

Cabe lembrar que, ao longo da década de 1970, as empresas de médio ou grande porte informatizaram boa parte das tarefas, iniciando pela divisão de projetos e desenho, informatizada pelo sistema CAD e a produção que foi informatizada pelo sistema CAM. Aos poucos todos os departamentos passaram a ser assistidos por computador, do planejamento até a venda. As divisões assistidas por computador foram interligadas, até formarem o chamado *Computer Integrated Manufacturing* (CIM) ou *Produção Integrada Por Computador*. Essas inovações enfrentam problemas sérios de natureza educacional, pois como diz Amman (1994: 63)

> *[...] a formação tradicional educa para trabalhar num determinado posto, lotado numa divisão, ou, no caso da universidade, num instituto. [...] o método integrado, no entanto, exige a interação com outros setores dentro e fora da empresa, uma socialização técnica ou científica no local de trabalho, a disposição de aceitar um determinado controle social por parte dos colegas.*

A Escola de Segundo Grau, seja pública ou privada, não foi preparada e equipada para oferecer os cursos atrelados a essa prática da indústria, em virtude dos baixos orçamentos recebidos pela educação, pela falta de diálogo entre empresas e escola e pelo despreparo do MEC e outros órgãos regionais regulatórios que nada sabiam sobre o vínculo educação e trabalho. Em consequência, um grande número de escolas procurou formas de burlar a lei, como elaborar diferentes currículos, um oficial para a fiscalização e outro real, em geral preparatório para o vestibular, ou procuraram implantar habilitações que exigiam poucos recursos, independentemente de existirem ou serem necessárias ao mundo de trabalho, como o grande número de cursos oferecidos nas áreas de contabilidade e comércio, que não necessitavam de laboratórios complexos nem de grandes investimentos.

Devido ao total descompasso entre a exigência da lei e sua real aplicabilidade, apenas 5,9% dos alunos que ingressaram no primeiro grau em 1978 conseguiu ingressar no ensino superior em 1989. Também não foi cumprido o objetivo da lei que seria a profissionalização, pois 80% dos ingressantes nem sequer chegou ao segundo grau.

Na Argentina, a origem das escolas técnicas é variada, existindo as escolas nacionais e as provinciais. Em geral provém da evolução das antigas escolas de artes e ofícios destinadas a formar trabalhadores qualificados e artesãos. Prolongando-se a escolaridade, foram incorporando disciplinas de formação geral e científica, até formar um currículo em que coexistiam a educação geral e científica, a de laboratório, científico-tecnológica e de oficina, tecnológica com habilidades manuais. A educação técnica caracterizou-se pela sua integração com a educação formal, pós-primária ou pré-universitária, sob supervisão do Ministério da Educação em nível estadual ou federal. Já as instituições de formação profissional estabeleceram-se na metade do século XX, como o SENAI e o SENAC e apresentam uma metodologia específica baseada na análise ocupacional e nas séries metódicas que permitem planificar a capacitação para grupos de ocupações. A Argentina, tradicionalmente, sempre preferiu investir mais em educação técnica a capacitação ocupacional (GALLART, 2006). Em 1980, houve 169.102 matrículas na educação técnica e 17.782 matrículas na Formação Profissional.

Para subsidiar a nova escola profissionalizante obrigatória foram criadas fontes não orçamentárias, com a criação do salário-educação e dos Fundos Especiais da Loteria Federal e da Loteria Esportiva, sendo que 20% do Fundo Especial da Loteria Federal destinava-se ao FNDE e 30% da renda líquida da Loteria Esportiva ao MOBRAL. A reorganização do ensino médio, do ponto de vista dos objetivos governamentais, segundo Romanelli (1985: 253),

> [...] *pressupunha uma visão pouco objetiva, não só das funções que a Universidade vinha assumindo na estratificação e situação das camadas, na ordem social, como também uma visão distorcida da própria crise dos excedentes e das funções reais do ensino técnico de nível médio. Tanto isso é verdade, que não tem ocorrido esperado desvio de demanda. Todo egresso da escola profissional de nível médio continua sendo candidato ao ensino superior, ainda quando ingresse na força de trabalho.*

Ou seja, a procura pela escola técnica até auxiliou no ingresso à universidade, pois instrumentalizava melhor o aluno para o vestibular.

O ensino técnico industrial tinha, em 1970, quase 50 mil alunos matriculados. Números expressivos, se considerarmos que em 1943 havia apenas 581 alunos (CUNHA, 1977). No período 1943-1969, o número de escolas públicas é bem inferior ao das particulares, 941 contra 72, mas o número de matrículas é muito maior nas públicas (22.086 contra 15.773). As escolas privadas ofereceram cursos de custos mais baixos e as escolas federais, os cursos de implantação mais cara, como mecânica, eletrotécnica, edificações, estradas. As matrículas, segundo Cunha (1977) concentravam-se em oito estados: Pernambuco, Bahia, Minas Gerais, Rio de Janeiro, Guanabara, São Paulo, Paraná e Rio Grande do Sul, onde se mostrava mais necessária a mão de obra industrial.

Na década de 70, o BIRD destinou 55% de seus recursos destinados ao Brasil para o ensino técnico. Esse dinheiro foi utilizado para construção e colocação de equipamentos em escolas técnicas, além de capacitação de dirigentes. De 1971 a 1978 a união BIRD/FAO/UNESCO/FORD construiu sete novas escolas agrícolas federais de segundo grau, reformou duas escolas técnicas industriais e construiu seis centros de ensino. O programa teve como metas a expansão das matrículas em 20 a 35% por meio da construção e da ampliação das escolas, aquisição de equipamentos e formação de professores, e a implantação de um modelo pós-secundário com um quarto ano complementar.

O projeto pretendia atingir cinco mil estudantes, mas as metas não foram cumpridas, nem o prazo proposto, devido à falta de articulação com o MEC, às suas condições econômicas e administrativas precárias e à descontinuidade de gestão. O planejamento realizado era artificial, havia falta de demanda nos cursos técnicos, a previsão de 2.160 vagas nunca foi cumprida, com apenas 1.605 inscritos. De 700 técnicos formados previstos, apenas 370 foram diplomados.

Observe-se, na figura 16, apresentada a seguir, dados do IBGE com a quantidade de técnicos, artífices e mestres diplomados ou certificados no período de 1975 a 1977.

REGISTRO DE DIPLOMAS E CERTIFICADOS NO MINISTÉRIO DA EDUCAÇÃO E CULTURA – 1975-77

HABILITAÇÕES PROFISSIONAIS	REGISTROS					
	Diplomas			Certificados		
	1.975	1.976	1.977	1.975	1.976	1.977
TOTAL	75.359	103.295	64.451	2.012	10.756	11.081
Habilitações técnicas	43.829	61.586	34.483	890	5.425	6.331
Agricultura	2.005	1.325	975	–	4	62
Agrimensura	58	164	90	4	–	–
Agropecuária	311	642	501	2	34	1

HABILITAÇÕES PROFISSIONAIS	REGISTROS					
	Diplomas			Certificados		
	1.975	1.976	1.977	1.975	1.976	1.977
Alimentos	–	11	–	–	–	–
Administração	–	120	78	–	–	–
Artes gráficas	–	–	–	–	–	9
Assistentes de administração	821	2.581	1.500	169	140	39
Canto	–	14	1	–	–	–
Comércio e propaganda	–	18	10	–	–	–
Comunicação	–	47	–	–	–	–
Contabilidade	35.593	44.612	25.446	–	122	6
Contador	4	17	14	87	–	–
Curtimento	5	–	–	–	–	–
Decoração	–	84	–	26	–	35
Desenho	–	5	17	–	16	92
Desenhista em arquitetura	–	37	35	–	23	240
Desenhista de publicidade	–	–	68	–	72	69
Dentista	–	6	–	–	53	–
Economia doméstica	375	254	155	–	3	–
Edificações	288	696	373	–	462	154
Educação familiar	72	72	1	144	–	–
Educação física	–	13	–	–	–	–
Educação musical	–	41	–	–	–	–
Eletricista	–	33	–	–	305	111
Eletromecânica	55	70	95	41	39	63
Eletrônica	10	478	197	5	256	926
Eletrotécnica	705	816	794	86	381	522
Enfermagem	198	664	713	–	113	45
Estatística	23	40	135	48	–	4

HABILITAÇÕES PROFISSIONAIS	REGISTROS					
	Diplomas			Certificados		
	1.975	1.976	1.977	1.975	1.976	1.977
Estradas	162	334	151	121	300	73
Estruturas navais	–	87	29	17	–	–
Geologia	–	–	18	–	–	–
Indústrias têxteis	–	50	19	–	–	–
Instrumentista musical	2	131	14	–	–	7
Laboratório de análises clínicas	–	39	1	–	1.418	2.768
Laboratório médico	57	417	269	2	406	26
Leite e derivados	–	–	–	32	–	–
Mecânica	346	520	210	–	557	465
Mecânica de máquinas	–	73	–	–	–	–
Mestre agrícola	2	–	3	–	14	–
Metalurgia	–	140	2	–	–	4
Mineração	34	26	45	–	–	–
Pecuária	–	–	24	–	–	–
Programação de computadores	–	36	–	–	75	–
Prótese	32	41	–	–	–	–
Publicidade	9	86	95	59	22	66
Química	555	1.033	416	–	129	240
Redator auxiliar	–	67	38	–	–	–
Saneamento	2	19	5	28	83	47
Secretariado	2.019	3.584	1.598	22	85	6
Tecelagem	–	–	–	–	–	–
Técnico de enfermagem	–	125	–	–	–	–
Turismo	7	39	102	–	38	–
Telecomunicação	–	47	136	8	133	11
Técnico agrícola	–	600	–	–	–	–
Técnico de laticínios	–	45	–	–	–	–

| HABILITAÇÕES | REGISTROS ||||||
| PROFISSIONAIS | Diplomas ||| Certificados |||
	1.975	1.976	1.977	1.975	1.976	1.977
Tradutor e intérprete	–	–	62	–	–	1
Outras	79	1.187	48	6	125	239

Figura 16: Número de diplomas técnicos 1975-1977.
Fontes: Serviço de Estatística da Educação e Cultura. Tabela extraída de:
Anuário Estatístico do Brasil 1979. Rio de Janeiro: IBGE, v. 40, 1979.

Como pode ser observado, o número de diplomas é pequeno na formação técnica. Em 1975, por exemplo, de 43.829 técnicos formados, 35.593 diplomas são da área de contabilidade e apenas 346 da área de mecânica, 705 de eletrotécnica e 555 de química, mostrando ainda baixa oferta de técnicos para a área da indústria. Complementando, observe-se também o número de matrículas e concluintes do Ensino Técnico Industrial no Brasil num período mais amplo, de 1943 a 1970:

COMPARAÇÃO MATRÍCULAS E CONCLUINTES 1943-1970

ANOS	Nº DE MATRÍCULAS	Nº DE CONCLUINTES
1943	581	25
1944	719	32
1945	987	176
1946	1.483	230
1947	1.719	235
1948	1.842	339
1949	1.943	415
1950	1.998	402
1951	2.037	442
1952	1.982	...
1953	...	...
1954	...	433
1955	2.445	480

ANOS	Nº DE MATRÍCULAS	Nº DE CONCLUINTES
1956	2.293	480
1957	3.307	627
1958	3.519	641
1959	4.706	774
1960	5.952	1.022
1961	10.459	1.426
1962	12.212	1.395
1963	18.807	1.625
1964	22.692	2.309
1965	24.277	3.229
1966	23.313	3.189
1967	30.889	3.434
1968	34.113	4.322
1969	41.254	5.044
1970	49.522	...

Figura 17: Número de Matrículas e de Concluintes do Ensino Técnico Industrial de 1943 a 1970.[12]

Em 1972, foi implementado o Programa de Acompanhamento dos Planos Nacionais de Desenvolvimento que analisava o desempenho total da economia, avaliava o progresso alcançado na execução de programas e projetos, identificava obstáculos e dificuldades encontradas. A ênfase do PND foi dada à indústria de bens de consumo duráveis, em especial a automobilística. Tavares (1972) afirma que o desenvolvimento aconteceu com graves pressões inflacionárias e com o aumento do desequilíbrio externo e das desigualdades regionais.

Politicamente, o período de 1969 à 1974 ficou conhecido como o início da "Ditadura Total". Além de governar sob o AI-5, Médici instaurou a censura nos meios de comunicação e a repressão radical a todo tipo de oposição. No governo

---

[12] Fonte: Cunha, 1977, p. 85.

Médici o Brasil presenciou o que podemos chamar de "Milagre Econômico", sob a responsabilidade de Antonio Delfim Neto, ministro da Fazenda desde o governo Costa e Silva. Tal milagre deveu-se ao ingresso maciço de capitais estrangeiros.

Segundo Singer (1972: 62), o referido período "... teve por causa básica uma política liberal de crédito que encontrou uma economia, após vários anos de recessões, com baixa utilização de capacidade produtiva, taxas relativamente altas de desemprego e custo reduzido de mão de obra de pouca qualificação", estendendo-se até o final de 1973, combinando considerável crescimento econômico com taxas moderadas de inflação, diversificação das atividades produtivas e concentração de renda, o que propiciou a formação de uma classe média ascendente. Exemplo disso é o crescimento médio anual do PIB no período, 11,2%, tendo seu pico em 1973, com variação de 13,9%, associado a uma inflação anual média que não ultrapassou 19% (BRESSER-PEREIRA, 2003).

A ascensão de Ernesto Geisel marcou o retorno do grupo moderado ao poder. O principal projeto deste governo era realizar a "abertura política" de maneira "lenta, gradual e segura", garantindo a volta da democracia ao país Durante o governo Geisel, presenciamos um esgotamento do milagre econômico. Não foi mais possível manter as taxas de crescimento tão altas, e a primeira crise do petróleo ocorrida em 1973 havia feito com que o Brasil contraísse muitas dívidas com importações de petróleo, comprometendo seu balanço de pagamentos. O governo militar, cuja principal característica foi ter conseguido altas taxas de crescimento e desenvolvimento, via-se agora em apuros com o esgotamento de seu milagre. (ARAUJO, 2004)

Tendo a frente dos Ministérios da Fazenda e do Planejamento, Mario Henrique Simonsen e João Paulo dos Reis Velloso, respectivamente, é oportuno comentar-se que o presidente Geisel assumiu em meio ao contexto do primeiro choque do petróleo, cuja consequência foi a "falência" do padrão de acumulação mundial, designado keynesianismo, que aliado à crise de natureza endógena, decorrente do esgotamento do ciclo de expansão da indústria de bens de consumo duráveis, propiciou o final do período (TAVARES, 1990).

Segundo Castro e Souza (1985), os problemas foram mais amplos, sendo tanto de ordem econômica (volta da inflação, concentração de renda, déficit do balanço de pagamentos, entre outros), quanto de ordem política (conflito ideológico interno no exército, efeitos da chamada "dissensão lenta e gradual"), dos quais restaram duas alternativas ao governo militar: optar pelo ajustamento, modelando a economia aos impactos do choque do petróleo, ou escolher o caminho do endividamento, sustentando o nível da atividade econômica com o aumento da dívida externa. Tendo-se em vista estas duas opções, o governo optou pelo endividamento, pois acreditava poder "atacar o mal pela raiz", ou seja, procurava por meio de uma política vigorosa de investimentos (II Plano Nacional de Desenvolvimento – II PND) salvar aquilo que se herdou do período do "Milagre".

A estratégia governamental apresentada pelo presidente Geisel, seja pelo lado político (do início da distensão gradual dos direitos civis), ou pelo lado econômico (do crescimento e reconversão industrial por meio do endividamento), permeou o final do governo Médici, e o último mandato do período militar, do general João Batista de Oliveira Figueiredo (1979-1985), sendo seus reflexos até hoje visíveis na sociedade brasileira. Por mais que se possa mencionar seus aspectos negativos, de fato foi o último plano de desenvolvimento econômico de longo prazo experimentado pela sociedade brasileira (SILVEIRA e RATHMANN, 2007).

O II PND foi elaborado no governo Geisel e permaneceu em vigor até o primeiro ano do governo Figueiredo. "Constituiu uma ampla e articulada experiência de planejamento" (MATOS, 2002: 50). Este plano foi lançado apesar das dificuldades do governo em manter taxas de crescimento acima de 10%. O nível de crescimento industrial deveria situar-se em torno de 12%, as exportações deveriam crescer a 20% e a agricultura a 7%.

Segundo FURTADO (1981) constituíam pontos básicos (1) ampliar a base do sistema industrial e (2) aumentar o grau de inserção da economia no sistema de divisão internacional do trabalho. A indústria registrara um crescimento significativo, mas as taxas de inflação e dívida externa foram muito altas. O maior legado foi a consolidação do parque industrial brasileiro.

As prioridades da industrialização passaram do setor de bens de consumo para o setor de meios de produção, principalmente siderurgia, máquinas, equipamentos e fertilizantes. Enfatizou-se a abertura da política externa, o mercado interno e a empresa nacional privada, além do combate à inflação, a exploração do potencial hidrelétrico e a continuação do processo de substituição de importações. Em 1978, havia sido produzido um milhão de veículos, tornando o Brasil um dos dez maiores produtores de automóveis do mundo. No entanto, as metas do II PND não foram cumpridas, em virtude da crise econômica mundial. MATOS (2002: 53) apresenta os seguintes resultados econômicos do período:

II PND

ANO	PIB	INDÚSTRIA	FBCF/PIB	INFLAÇÃO	DÍVIDA EXTERNA
1973	14,0	17,03	20,4	28,6	14,9
1974	8,2	8,4	21,8	27,8	20,0
1975	5,1	4,9	23,3	41,2	25,1
1976	10,2	11,7	22,5	42,65	32,1
1977	4,9	3,1	21,4	38,7	37,9
1978	4,9	6,4	22,2	53,9	52,1
1979	6,8	6,8	23,3	100,21	55,8

Figura 18: Resultados macroeconômicos II PND. Fonte: IPEA (2002).

Inserida ao II-PND, a educação teve metas a serem atingidas pelo plano quinquenal 1975-1979 voltadas especialmente para (1) o despertar das vocações, desde o ensino fundamental, (2) expandir a oferta de matrículas dos 7 aos 14 anos até atingir 100% de matrículas, (3) expandir a oferta de vagas no ensino médio e superior, (4) capacitar recursos humanos e (5) reformular os currículos nos três níveis de ensino. Na verdade, constituem apenas continuidade dos objetivos não alcançados até 1974, nada apresentando de novo. A ênfase maior foi privilegiar o ensino superior, pois a economia funcionava baseada numa tecnologia sofisticada importada do exterior, que requeria profissionais altamente especializados, embora em pequenas quantidades. Daí a implantação de cursos de pós-graduação em nível de mestrado e doutorado. (FREITAG, 2005) É criado, em 1975, um plano nacional de pós-graduação.

Em 1982, uma nova Lei, a 7.044, introduz modificações na Lei 5.692 em relação aos problemas provocados pela profissionalização universal e obrigatória. O conceito de adestramento e qualificação de mão de obra, presentes na lei anterior, são minimizados pelo conceito de preparação para o mundo do trabalho.

Apenas em 1984 os economistas passaram a trabalhar novamente diretrizes para uma política industrial (Comissão para o Plano de Governo – COPAG/1985). Este documento, bastante lúcido, criticava o papel crucial atribuído ao Estado como gerador de transformações necessárias, apontava para a necessidade de se promover a modernização do setor produtivo de acordo com a revolução tecnológica em voga no exterior, com ênfase na microeletrônica, química fina, mecânica de precisão e biotecnologia, como setores estratégicos.

Em 1983 havia sido aprovada a emenda Calmon que estipulava percentuais mínimos do orçamento que deveriam ser aplicados na educação, mas somente em 1986 deixou de ser apenas lei e passou a ser implementada na prática.

A falta de empregos para graduados e a crise da indústria manifesta-se, no entanto, na década de 1980. Na economia emerge o mercado informal, operando na margem da legalidade, com tecnologias antiquadas e decadentes. A educação profissional ignora este mercado."Quem aprendeu a ensinar capricho, limpeza, qualidade e serviço bem feito não vê com bons olhos procurar um mercado onde nada disso é realmente possível." (CASTRO e OLIVEIRA, 1994: 109)

O canal aberto são as indústrias sofisticadas com automação flexível e novas estruturas organizacionais que criam demandas importantes de formação de mão de obra. Exige-se um técnico com perfil diferenciado, mais bem preparado, típico das escolas técnicas que mesclam disciplinas acadêmicas com conhecimentos do mundo do trabalho.

É oportuno citar Barros et alli (2002: 6):

> *A sustentabilidade do desenvolvimento socioeconômico está diretamente associada à velocidade e à continuidade do processo de expansão educacional.*
>
> *Essa relação direta se estabelece a partir de duas vias de transmissão distintas. Por um lado, a expansão educacional aumenta a produtividade do trabalho, contribuindo para o crescimento econômico, o aumento de salários e a diminuição da pobreza. Por outro, a expansão educacional promove maior igualdade e mobilidade social, na medida em que a condição de "ativo não transferível" faz da educação um ativo de distribuição mais fácil do que a maioria dos ativos físicos.*
>
> *Além disso, devemos observar que a educação é um ativo que pode ser reproduzido e geralmente é ofertado à população pobre por intermédio da esfera pública. Essas duas vias de transmissão, portanto, tornam transparente que, do ponto de vista econômico, a expansão educacional é essencial para fomentar o crescimento econômico e reduzir a desigualdade e a pobreza. Na sociedade brasileira contemporânea, as defasagens, absoluta e relativa,*

na escolaridade da população explicam, de modo significativo, a intensa desigualdade de renda do país. Especificamente no que se refere ao mercado de trabalho, observamos que a heterogeneidade da escolaridade entre os trabalhadores e o valor atribuído aos anos de escolaridade adicionais representam os principais determinantes da desigualdade salarial.

Segundo os autores supracitados, o Brasil apresentou, diante do padrão internacional, um sistema educacional defasado em cerca de 10 anos. No período 1965-1987, enquanto o Brasil apresenta um índice negativo de anos de escolaridade da população (-1,25), a Argentina tem um índice positivo de 2 anos, o Equador de 2,5 e a República Dominicana de 3 anos.

Nas décadas de 1970 e 1980, o BIRD, um segmento do Banco Mundial, realizou seguidos e volumosos investimentos em toda a América Latina, privilegiando a educação profissionalizante, com poucos efeitos positivos para a população brasileira e argentina.

Devoto e Fausto (2008) colocam que a questão da dívida externa culminou com as moratórias na Argentina, no Brasil e no México. No entanto, no Brasil cresceram as exportações em contraste com a Argentina devido a três fatores: a constância das inversões industriais do II PND, os estímulos gerados pela desvalorização monetária de 1981 e 1983 e o crescimento da economia mundial liderado pelos EUA. Os governos militares argentinos parecem ter perdido a batalha a respeito da organização da economia como requisito para um regime autoritário estável. A restrição econômica e o atraso cambial foram desastrosos para o setor privado, em especial para empresas de pequeno e médio porte. Os militares argentinos não modernizaram o Estado nem reduziram a ineficiência de alguns setores da área industrial. No entanto, apesar do atraso tecnológico, a Argentina peronista continuou presente em vários segmentos sociais com a legislação social moderna, a universidade pública e gratuita, o poder dos sindicatos e de suas obras sociais. Em termos econômicos, a Argentina apresenta *performance* medíocre nos anos 1970, com 22,4% de crescimento global e 4,6% de crescimento *per capita* (DEVOTO e FAUSTO, 2008).

> *Na transição da década de 1970 para a década de 1980, a crise do capitalismo intensificou-se neste país e culminou nos mais diversos setores sociais. As consequências das políticas militaristas e justicialistas que governaram a Argentina durante toda a década de 1970, e até 1983, aprofundou a diminuição e precarização do emprego, a estagnação da produtividade e a estabilidade dos preços, ou seja, as exportações cessaram, o que provocou a estagnação e, por conseguinte, a diminuição e precarização do emprego. Estes fatores somados com a retirada do Estado de suas funções básicas como educação, saúde e assistência contribuíram para a consolidação da pobreza, dispersa por todo o território argentino* (SILVA, 2007: 20)

Resumindo-se o capítulo temos que o Brasil, durante a Ditadura Militar, caracterizou-se pela necessidade de reformas institucionais e de contenção da inflação e pela vontade política de legitimar um período de exceção, que levou a medidas extremas como os atos institucionais, a reformas do sistema financeiro e do mercado de capitais. Na área social, observou-se a busca da identidade nacional e a luta contra a supressão dos direitos políticos. Na economia, o período apresentou vários planos orçamentários, que pela primeira vez introduzem a educação como meta de gestão política. De 1968 a 1973 o país viveu uma fase bastante próspera, autointitulada de "Milagre econômico", com taxas de crescimento de 11% ao ano e elevado crescimento industrial. Na educação, como momentos decisivos, podemos citar a criação do FNDE e dos Fundos Especiais para captação de recursos não orçamentários para a educação, a Reforma Universitária de 1965 inspirada pelo acordo MEC-USAID. A reforma do Ensino Secundário, em 1971, acontece por meio da Lei 5.692, que cria um modelo universal científico-tecnológico com formação profissionalizante obrigatória, cuja finalidade principal era diminuir o número de alunos excedentes na universidade. A proposta não vingou, em relação ao pouco vínculo e nenhuma relação com o mundo produtivo. Em 1983, é proposta a Emenda Calmon, que determina que percentuais mínimos do orçamento devem ser aplicados na educação. A ação é adotada somente em 1986.

Na economia brasileira, a primeira crise do petróleo em 1973 põe fim ao Milagre Econômico, tendo restado ao governo a estratégia de adotar uma política de endividamento à prioridade para o setor de meios de produção, à abertura da política externa e do mercado interno. De maneira geral, o período termina com problemas graves, como falta de empregos para graduados, crise da indústria e migração da população para o mercado informal. Por outro lado, as indústrias se tornam mais sofisticadas, em razão da automação flexível, e necessitam de técnicos e engenheiros mais bem preparados. Como consequência, o mercado passa a valorizar o grau de escolaridade, fazendo com que a variação da empregabilidade e da desigualdade salarial passem a ser determinadas por este importante fator. A escola mostrou-se, como sempre, ineficiente e pouco preparada para atender às necessidades do mundo produtivo.

No entanto, não se pode ignorar o fato de que, de modo geral, nos dois países,

> *[...] o estado e a sociedade reorganizam-se para ingressar em uma pseudomodernidade imposta por modelos e padrões externos, ditados pelo capita-*

lismo internacional, mediatizada pelas elites e pelos governos, que representam formas e dominação conservadora e retrógrada. (AGUILAR, 2000: 109)

Na página seguinte apresento um quadro comparativo com os itens mais importantes do Brasil e da Argentina durante o período militar:

BRASIL E ARGENTINA 1960-1985

	Características	BRASIL	ARGENTINA
POLÍTICA	Continuidade	• Ininterrupta de 1964 a 1985	• Descontínuo de 1955 a 1983: • Presidencialismo • de 1958 a 1963 – Frondizi • de 1963 a 1966 – Illia • de 1973 a 1976 – Campora, Perón e Isabelita
	Ideologia	• Crescimento econômico acelerado. • Não chegou a forjar uma ideologia protofascista	• Pouca radicalização do modelo econômico. • Simbiose entre militar e Estado
	Homogeneidade	• Homogêneo, poucas crises	• Abandono total da legalidade e extermínio das guerrilhas
	Transição	• Lenta, gradual e segura	• Abrupta • Retorno de Perón e episódio da guerra das Malvinas (1972)

Características		BRASIL	ARGENTINA
EDUCAÇÃO	1960-1970	• Educação elitista • Reforma com BIRD • Plano Decenal 1967-1976 • Reforma universitária – 1968 • CENAFOR – 1969	• Universidade Tecnológica Nacional • CONADE/CONET • PND – planejamento educacional 1965-1969 • Decreto 121.791/60 • Reforma Universitária
	1970-1985	• Lei 5.692/71 – profissionalização educação básica • Estudos de mercado para a educação • Criação salário-educação • Fundos Especiais para a Educação • 55% recursos BIRD para escolas técnicas • IIPND – metas para a educação • 1982 – lei 7.044 – modifica 5.692 • 1983 – emenda Calmon – orçamento mínimo para a educação • Educação profissional voltada para a indústria sofisticada	• 1976 – leis de transferência de tecnologia • 6º ciclo da educação • Reforma Educativa – autonomia, descentralização • Criação Conselho Federal de Educação • Educação Técnica integrada à educação formal

Figura 19: SÍNTESE 1960-1985.

Capítulo 3

A ABERTURA DEMOCRÁTICA

O final das ditaduras argentina e brasileira encontra a educação dos dois países frente aos desafios de criar um novo paradigma educativo que corresponda à abertura democrática e à recuperação da legitimidade do novo estado de direito. Em geral, a América do Sul, por imposição do Banco Mundial, começa a planejar metas e objetivos aos sistemas educativos nacionais (TIRAMONTI, 2001). Vários fatores exigem esse planejamento:

> *Las exigencias de calidad educativa que impone la articulación con un mundo estructurado alrededor del conocimiento y de las telecomunicaciones. Los diagnósticos y las estrategias impuestos por los centros mundiales de financiamiento de proyectos y programas. Las propuestas de los organismos internacionales dedicados a la educación que tratan de compatibilizar las posturas de los bancos con las necesidades políticas de los gobiernos, la preservación del orden social y la integración internacional de los países de la región. El ejemplo más acabado es el documento de CEPAL/UNESCO*

(1992) "La educación como eje de la transformación productiva con equidad". (TIRAMONTI, 2001: 21)

A CEPAL/UNESCO colocou, para os sistemas educativos, um objetivo de qualidade definido como formação de competências para a competitividade, de aquisição de instrumentos próprios à modernidade, independentemente das realidades e necessidades de cada país. Em 1980, além de investimentos de capital, houve um grande acréscimo de recursos do Banco Mundial para a educação profissionalizante, atingindo o montante de 845 milhões de dólares. Nos anos seguintes foram destinados mais 500 milhões de dólares. De 1993 a 1999, somente no Brasil, foram investidos cerca de 12 bilhões de dólares. No período, houve uma recomendação da entidade de que o Estado devia ser eficiente na geração de empregos e devia deixar a qualificação dos trabalhadores para as entidades privadas, pelo menos sempre que estas tivessem condições de fazê-lo.

Cursos longos, financiados pelo Estado, foram considerados extremamente custosos e pouco capazes de adequar-se às rápidas mudanças que ocorrem no mundo do trabalho. A educação primária e secundária devem ser prioridades do planejamento de cada nação, pois também geram benefícios diretos e indiretos para o aumento da produtividade. A articulação entre a educação básica e a profissionalizante passa a não ser mais recomendada, pois, segundo o Banco Mundial, a educação profissional necessita de um modelo flexível e não engessado, que possa ser rapidamente modificado segundo o movimento econômico.[13] Não aconselha também a formação de um grande número de trabalhadores qualificados, se estes não tiverem oportunidades de atuação imediata no mercado, sendo o empresariado o melhor avaliador das necessidades de recursos humanos. Trata-se de uma posição bastante realista e pouco benevolente em relação à formação de mão de obra.

---

[13] "Informes sobre o desarrollo mundial: la tarea acuciante del desarrollo", 1991.

Embora a educação apareça com uma função importante para o argumento político, ideológico, econômico e financeiro prodigioso do discurso (neo)liberal e insistentemente renovado, na verdade serve para dissimular os reais problemas geradores desse processo em âmbito nacional e internacional e, sustentados nesse argumento, os empréstimos para a educação continuam como um componente no conjunto dos empréstimos para os ajustes estruturais, constituindo parte do financiamento externo aos países, gerador de acumulação de capital e constituindo-se como fundamental para o discurso e as ações econômicas (DEITOS, 2005: 261).

Sabemos que a educação profissional técnica é uma das políticas mais eficientes para tornar o Estado ter um papel importante no desenvolvimento social de qualquer país. (EVANS, P. B., RUESCHEMEYER, D. & SKOCPOL, T., 1985). Por meio de políticas e estratégias adequadas para incremento da Educação Profissional e Tecnológica, o Governo intervém na formação de jovens e adultos, garantindo melhores condições de trabalho e valorização social da sociedade. É uma estratégia política de governo conhecida como Estado como Ator, em contraponto ao que Aguilar (2000: 45-46) chama de "Estado desertor", o nome atribuído ao Governo que termina

> *[...] abandonando e renunciando a suas funções em áreas sociais básicas, concedendo ou se omitindo no cumprimento de seus deveres, deveres esses que são impostos pela prática do exercício da vida em democracia, [...]*

Ou seja, o Estado se distancia cada vez mais das reais necessidades da sociedade que representa, em detrimento de metas dos países/organismos credores. Isto aconteceu enfaticamente nas décadas de 1980 e 1990.

A educação, nessa perspectiva, é considerada como ingrediente principal para o desenvolvimento econômico do país e de sua integração ao fenômeno da globalização. Como sabemos, o processo de globalização está caracterizado pela crescente interdependência entre países do mundo todo, pelo processo de desnacionalização de mercados, leis e políticas e seu consequente inter-relacionamento para o bem comum. A meta é a formação de uma sociedade planetária, além das fronteiras, barreiras alfandegárias, diferenças étnicas, religiosas, ideológicas. É o fim do conceito de nação, de regionalidade, de preservação de bens culturais e sociais e a introdução de um paradigma global, cujo objetivo é o lucro, manipulado pelo poder econômico. Como diz Milton Santos

> [...] *no mundo da globalização, o espaço geográfico ganha novos contornos, novas características, novas definições. E, também, uma nova importância, porque a eficácia das ações está estreitamente relacionada com a sua localização. Os atores mais poderosos se reservam os melhores pedaços do território e deixam o resto para os outros.* (2000: 79)

Antes de entrar na discussão desse novo paradigma educacional proposto pelos organismos internacionais, cabe a apresentação de um painel sócio-econômico-educativo dos dois países. Observe-se, a seguir, a Figura 19, com as taxas de escolarização secundária de alguns países da América Latina, de 1950 a 1988:

AMÉRICA LATINA – ESCOLARIZAÇÃO SECUNDÁRIA DE 1950 A 1988

Países	1950	1955	1960	1965	1970	1975	1980	1985	1988
BRASIL	10	12	11	17	27	26	34	36	38
ARGENTINA	21	28	32	29	37	54	–	70	74
BOLÍVIA	9	12	11	18	23	31	36	37	37
EQUADOR	9	12	12	17	32	39	51	55	56

Países	1950	1955	1960	1965	1970	1975	1980	1985	1988
VENEZUELA	6	11	21	27	37	45	41	45	54
COLOMBIA	7	10	12	17	23	39	44	50	56
PARAGUAI	9	10	11	13	17	20	27	31	29
CHILE	18	26	24	34	39	47	53	69	75
URUGUAI	17	31	37	44	57	60	60	71	77
PERU	9	11	18	29	36	46	59	65	65

Figura 20: Taxas de Escolarização no Ensino Secundário.[14]
Fonte: Unesco, Statistical Yearbook, 1990.

Como é demonstrado na Figura 19, em 1950 a Argentina apresentou os melhores índices de escolarização secundária entre os países apresentados. Em 1988, mantinha-se ainda entre os três melhores, sendo superada apenas pelo Uruguai e pelo Chile, com taxas bem próximas. O Brasil, infelizmente, sempre apresentou índices muito baixos no período.

Focalizando a Argentina

Em 1983, iniciou-se na Argentina um processo de transição para a democracia com o fim de uma ditadura extremamente repressiva, que durou oito anos. Uma crise econômica de grande porte afetava o país.

O centro da vida política argentina passa a ser ocupado pelos partidos políticos, que em 1983 tinham quase três milhões de afiliados (SALLUM, 2004). Esse período de transição tinha o desafio de construir uma sociedade capitalista e democrática (KRAWCZYK, 1993). Segue-se a eleição presidencial em que Alfonsin (1983-1989), membro da UCR, o mais antigo partido político republicano, recebe o voto massivo da população, tanto da classe média urbana, quanto da agrícola e da operária, e, deixando-se levar pela onda democrática que tomava o país

---
14 Em porcentagens.

(PUIGGRÓS, 2006) revoga o controle policial a estudantes e docentes, o currículo imposto pela ditadura e o decreto De La Torre, que desde a década de 1930 proibia a organização estudantil na escola secundária.

El gobierno radical respetó el derecho de huelga de los docentes, restableció la autonomía universitaria, el gobierno de los claustros y la libertad de cátedra, y reinstaló el sistema de concursos (PUIGGRÓS, 2006: 180)

Entre 1983 e 1987 a educação argentina duplicou o número de estudantes universitários, sendo que o ensino médio teve um crescimento de 27% e 14% na educação primária. Duplicou também o número de crianças na educação pré-escolar. A educação técnica, segundo o Conselho Nacional de Educação Técnica – CONET, passa a ter 182.750 alunos em 1983 e 219.053 em 1987 (PUIGGRÓS, 2006).

Durante o governo de Alfonsin, a escola abriu-se para as camadas mais pobres da população, mas apresentando graves problemas de infraestrutura, especialmente caracterizada pelos baixos salários pagos aos docentes.

Os governos de Alfonsin, na Argentina, e de Sarney, no Brasil, conseguiram êxito político notável pela construção institucional que empreenderam, mas economicamente os dois países deixaram bastante a desejar.

O governo de Menem, em 1989, foi recebido com satisfação pelos organismos internacionais representantes do imperialismo mundial, pela sua disposição em aplicar as políticas neoliberais.

A abertura democrática alimentou vários movimentos a favor de melhores condições de trabalho e de salário aos docentes. O mais conhecido foi uma greve de 42 dias em 1987 e em 1988 (*La Marcha Blanca*). A liderança educacional declarava que para se obter um projeto democrático de educação eram necessárias medidas de formulação e implantação de novas políticas públicas. Na ocasião, as províncias estavam imersas num processo de elaboração de novas constituições provinciais, e, entre outros temas, discutiram enfaticamente o papel do Estado na educação.

> *O Estado é considerado ator principal do espaço público, para que se possa implementar uma política educacional e popular mas que, ao mesmo tempo, não deve ser operacionalizada só pela própria gestão governamental, mas também pelo apoio a todos os organismos públicos, estatais ou não, que compartilhem dessa proposta e que, portanto, tendam à justiça social* (KRAWCZYK, 1993: 78)

Havia problemas na relação do governo com as províncias onde o peronismo conseguira eleger-se. O repasse dos fundos públicos atrasava ou era retido, e, consequentemente, as províncias peronistas se unem e formam um *Consejo Federal de Educación*.

Em 1985, o poder executivo organizou um grande Congresso Pedagógico Nacional com debate focalizado "na redefinição do espaço público enquanto espaço de decisão orçamentária e curricular" (KRAWCZYK, 1993: 102). Foram, também, temas importantes o processo de universalização do ensino, em debate constantes desde o início do século e a deterioração do sistema educacional. Este congresso elaborou uma proposta de cunho peronista (UCR), que afirmava os princípios de gratuidade, laicismo, obrigatoriedade e necessidade de um governo colegiado na educação.

No entanto, enquanto isso a realidade econômica encontrava-se dominada pela crescente inflação com taxas de juros de 80% ao mês. O Plano Austral tentou reativar o setor industrial, mas, em geral, o panorama político e econômico argentino era muito ruim.

Segundo Krawczyk (1993: 125), no período,

> [...] o Ministério da Educação e Justiça passou por várias mudanças de ministros na gestão da UCR devido à disputa entre dois grandes projetos educacionais, um defensor do ensino estatal e outro da privatização da educação.

No Congresso Pedagógico Nacional "a relação educação--sociedade foi encarada a partir do vínculo entre o sistema educacional e o mercado de trabalho e/ou desenvolvimento econômico" (op. cit.: 132).

Durante o período de 1983 a 1988, o Congresso Nacional Argentino não chegou a um consenso sobre as relações entre a nação e as províncias devido à divergência de opinião entre os partidos políticos. Em consequência, a Lei 1.420, que determinou a gratuidade e laicidade do sistema educacional, começou a vigorar, a princípio, somente para a Capital Federal (KRAWCZYK, 1993).

Segue-se também um plano de alfabetização e de educação formal para adultos. Os sindicatos docentes são reativados e muitos professores expulsos entre 1975 e 1983 por razões ideológicas são reincorporados às escolas.

A educação caracterizava-se por altos índices de analfabetismo, evasão e repetência. Inicia-se um grande processo de descentralização. Em 1983, o ensino primário já se encontrava subordinado aos governos provinciais, municipais e escolas privadas. Em 1987, as escolas secundárias foram subordinadas às províncias. O BID, desde 1978, iniciara programas de melhoria e expansão da educação rural. A escola primária retornou à sua organização tradicional de dois períodos de quatro horas ou jornada completa, que havia sido reduzida pelos militares, para poder atender a demanda crescente.

Entre 1976 e 1982 privilegiava-se na escola a presença de um professor que cumprisse o programa, fosse obedecido pelos alunos e conseguisse o seu êxito nos exames. A partir de 1983, por influência do Partido Comunista, passa a ser valorizado também o conhecimento técnico-científico do profissional da educação e das metodologias de ensino. A gestão escolar argentina começa a ser democratizada por meio dos conselhos escolares e por um sistema colegiado de direção dos estabelecimentos escolares.

No final da década de 1980, a Argentina seguia rigidamente as regras do Fundo Monetário Internacional e do Banco Mundial, causando aumento da dívida externa e dos percentuais de pobreza, em torno de 47%.

> *Esa situación afectó gravemente las posibilidades de grandes sectores de invertir en la educación de sus hijos. La hiperinflación fue la gota que faltaba para producir la fractura del sistema escolar.* (PUIGGRÓS, 2007: 183)

Muitos docentes se envolveram em atividades sociais para que as famílias continuassem enviando seus filhos à escola, auxiliando na alimentação e em atividades extraclasses. Setenta e três colégios secundários, criados em 1987, funcionavam precariamente em edifícios emprestados ou alugados.

Menem (1989-1999) alimentou a divisão estratificada de escola para ricos e escola para pobres Enquanto a classe média enviava os filhos para escolas cujo custo mensal chegava a dez salários mínimos, "los chicos pobres no tienen esperanza alguna de movilidad social por la vía de la educación y reciben aportes educacionales desvalorizados" (PUIGGRÓS, 2007: 184). Ou seja, os mais pobres não recebiam ferramentas eficientes para interagir na sociedade do mundo moderno.

Menem foi um ótimo "cumpridor" das orientações recebidas do Banco Mundial em relação à transferência da educação para o setor privado, à descentralização dos sistemas educativos para as províncias, ao abandono paulatino do financiamento da educação pública média e superior, à flexibilização da contratação docente e também pela implementação dos programas sociais recomendados pelo Banco Mundial.

Apesar de tudo, durante o governo Menem a Argentina teve um governo exitoso do ponto de vista econômico e também do ponto de vista político, enquanto o Brasil vivia um período complicado com o governo Collor, com o movimento dos jovens caras-pintadas contra um governo corrupto que levou o país a uma grave crise institucional.

Segue-se, entre 1988 e 1991, por pressão da sociedade argentina, um período que apresenta uma ênfase muito grande nas questões educacionais, com apresentação de 14 projetos de lei geral. A Ley Federal de Educación, nº 24.195, de 1993, é o ponto de partida para uma transformação estrutural do sistema educativo. Ela regula todos os níveis do sistema exceto o universitário, regido especificamente pela lei 24.521/1995. São pontos principais da lei 24.195:

- As atribuições da nação, das províncias e da cidade de Buenos Aires;
- O papel do Conselho Federal de Cultura e Educação como órgão de coordenação e organização do sistema nacional;
- Normas relativas ao financiamento da educação do país, tentando assegurar a provisão dos fundos necessários para um serviço educativo de qualidade;
- Introdução de temas inéditos, como de avaliação permanente do sistema educativo.

O artigo 12 garantiu a articulação de níveis, ciclos e regimes especiais:

INICIAL: 3 a 5 anos, sendo obrigatório o último ano;
BÁSICA GERAL – EGB: 9 anos, com 03 ciclos obrigatórios;
POLIMODAL (PÓS-EGB): Duração mínima de 03 anos;

SUPERIOR: Profissional e acadêmica de grau (exigência – cumprimento da Polimodal).

A lei 24.195 garantiu a gratuidade em todos os níveis de ensino. O artigo 60 garantiu os recursos para a educação retirados do orçamento do governo, começando com 20% em 1993. A diferença entre o que a lei obriga e os recursos reais existentes deve ser financiado com impostos diretos, aplicados aos setores de maior capacidade contributiva (BRIGIDO, 2004). Embora hoje não se possa dizer que a lei tenha sido totalmente cumprida, muita coisa mudou em termos de infraestrutura, equipamento, capacitação.

Em 1994, o Ministério de Cultura e Educação firmou um acordo com as províncias, chamado de "Pacto Federal Educativo", para instrumentalizá-las para o cumprimento da lei.

LEGISLAÇÕES PROVINCIAIS QUE RATIFICAM O PACTO FEDERAL EDUCATIVO

PROVÍNCIA	LEGISLAÇÃO PROVINCIAL	RATIFICAÇÃO DO PACTO
CAPITAL FEDERAL	Não Tem	
BUENOS AIRES	Ley 11.612/95	
CATAMARCA	Ley 4.843/95	Ley 4.833/95
CÓRDOBA	8.113/91 – 8.525/95	
CORRIENTES	Ley 4.866/96	Atraso no Governo
CHACO	Ley 4.449/97	Decreto 2.448/94
CHUBUT	Ley 3.146/88-Decreto 409/97	Ley 4.067/95
ENTRE RIOS	Ley 7.711/86	Ley 4.883/95
FORMOSA	Resolução Ministerial 1.169/98	Ley 1.178/94
JUJUY	Ley 4.731/93	Ley 4.883/95
LA PAMPA	Ley 1.682/96	Ley 1.645/95
LA RIOJA	Ley 6.660/98	Ley 6.219/96

PROVÍNCIA	LEGISLAÇÃO PROVINCIAL	RATIFICAÇÃO DO PACTO
MENDOZA	Não Tem	Ley 6.418/96
MISIONES	Ley 3.172/95	Ley 3.172/94
NEUQUÉN	Projeto (1.999)	Ley 2.097/95
RIO NEGRO	Ley 2.444/92	Ley 2.843/94
SALTA	Ley 6.829/95-Decreto 58/95	Ley 6.892/96
SAN JUAN	Ley 6.755/96	Ley 6.726/96
SAN LUIS	Ley 4.947/92 Modificada em 1995	
SANTA FE	Não Tem Decreto 254/96	Ley 11.430/96
SANTA CRUZ	Ley 263/61 Modificada por Ley 2.411/95 e Decretos 269/95 e 270/95	Ley 2.382/94
SANTIAGO DEL ESTERO	Ley 5.804/89 tem Anteprojeto de Ley da Educação	Ley 6.180/95
TIERRA DEL FUEGO	Ley 159/94	Ley 2.293/94
TUCUMÁN	Ley 5.996/90 tem Novo Projeto	Tem Projeto

Figura 21: Leis Provinciais da Educação.[15]

O financiamento da educação foi objeto de tratamento diferenciado em cada distrito. Alguns o detalham, inclusive com porcentagens e fontes de recursos. Em vários casos se criou um fundo especial para atender os gastos, mas alguns nem sequer tratam da questão e a maioria cita a obrigação dos custos da educação de forma genérica ou se remete a normas de outras áreas de governo (BRIGIDO, 2004).

O "Pacto Federal" definiu que o Ministério da Cultura e da Educação é o responsável pelo pagamento da infraestrutura e pela capacitação docente. Entre 1994 e 1999 dedicou a isso a quantia de três bilhões de pesos (op. cit.) e apresentava as seguintes metas:

---
15 Fonte: Reproduzido de BRIGIDO, 2004: 71/72.

METAS DO PACTO FEDERAL

METAS	PRAZO
Erradicação de 100% das escolas rurais	Até 1994
Generalização da capacitação docente	Até 1995
Erradicação de 100% dos estabelecimentos precários	Entre 1995 e 1998
Escolarização de 100% das crianças de 5 anos	Entre 1995 e 1999
Escolarização de 70% dos adolescentes de 15 a 17 anos	Entre 1995 e 1999
Diminuição da repetência em 50%	Entre 1995 e 1999
Diminuição do analfabetismo absoluto em 50%	Entre 1995 e 1999
Melhoramento progressivo do rendimento escolar	Entre 1995 e 1999
Aumento de 20% da capacidade instalada	Entre 1995 e 1999
Melhoramento de 100% do estado edilício deficitário	Entre 1995 e 1999
Incorporação de 100% dos estabelecimentos à nova estrutura	Entre 1995 e 1999
Equipamentos de infraestrutura informática de 100%	Entre 1995 e 1999
Provisão de 100% de bibliotecas nas unidades educativas	Entre 1995 e 1999
Provisão de 100% de material pedagógico geral	Entre 1995 e 1999 [16]

Figura 22: Metas do Pacto Federal de Educação.

O modelo proposto pela Lei Federal de 1993 pretendeu privilegiar a autonomia econômica e administrativa da gestão provincial, mas reservou ao MEC a autonomia programática (RODRIGUEZ, 2000), principalmente em virtude da falta de técnicos capacitados das províncias.

ORÇAMENTOS DAS PROVÍNCIAS PARA A EDUCAÇÃO

JURISDIÇÕES	% DO PIB		% GASTO PÚBLICO	
	1994	2001	1994	2001
TOTAL PAÍS	3	4,2	25,4	29,6
CAPITAL FEDERAL	2,5	1,4	29,8	27,9
BUENOS AIRES	1,8	4,4	25,3	35,1

---

[16] Dados retirados e traduzidos de BRIGIDO, 2004: 79/80.

JURISDIÇÕES	% DO PIB		% GASTO PÚBLICO	
	1994	2001	1994	2001
CÓRDOBA	3,5	4,7	28,6	30,8
ENTRE RIOS	3,1	6,6	21,1	26,2
LA PAMPA	6	6,3	25,9	20,5
SANTA FE	3,4	4,4	30,2	33,4
MENDOZA	2,9	4,2	22,5	29
SAN JUAN	5,3	7,8	29,4	24,1
SAN LUIS	6,2	6,6	27,6	23,8
CORRIENTES	4,6	7,5	3,1	30,5
CHACO	5	9,9	33,5	27,3
FORMOSA	5,8	11,7	18,9	22,1
MISIONES	3,7	6,7	26,2	26,4
CATAMARCA	4,8	8,6	21,2	26,6
JUJUY	3,4	9,7	21,8	27,5
LA RIOJA	7,2	10,8	25,5	23,8
SALTA	7,2	5,6	20,1	22,6
SANTIAGO DEL ESTERO	3,1	10,8	21,5	32
TUCUMÁN	4,9	5,9	24,8	24,2
CHUBUT	4	4	16,4	25,5
NEUQUÉN	6,9	5,5	20,3	25,9
RIO NEGRO	5,9	6,7	21,9	32,2
SANTA CRUZ	7	5,4	23,4	20,1
TIERRA DEL FUEGO	7,5	4,1	21,9	15,6

Figura 23: Gasto Público em Educação[17].

A Lei Federal da Educação Argentina foi alvo de muitas críticas por planejar uma reforma muito ampla, baseada em um modelo que havia fracassado na Espanha e que não tinha respaldo financeiro e administrativo para funcionar. A lei foi criticada amplamente como símbolo da influência neoliberal

---

17 Fonte: BRIGIDO, 2004: 100, 309 e 307.

no sistema educativo. Segundo Puiggrós (2007) deu origem a vários problemas, entre eles podemos citar:

- Interpretações diferentes nas várias províncias;
- Fechamento das escolas secundárias antes de implementar o Terceiro Ciclo[18] e o Polimodal[19] e diminuição de vagas nos cursos secundários.
- Convivência de adolescentes com alunos mais novos.
- Dissolução dos cursos técnicos sem que oferecesse uma nova modalidade.
- Fim das aulas de idiomas.
- Transferência de professores para outras áreas de conhecimento sem capacitação anterior.
- Diretores da escola primária mal preparados e sem condições de supervisionar o currículo e os professores.
- Abandono da educação de adultos, da educação especial e da educação artística.
- Educação inicial insuficiente e exclusão da assistência materno-infantil.

Segundo Cunha (2000: 59-63)

> *Nos anos 80, a formação de técnicos na Argentina compreendia dois ciclos após a escola primária, com três anos de duração cada um. O ciclo básico, comum a todas as especialidades, oferecia, além das matérias de formação geral, contatos diretos com as diferentes atividades práticas. O ciclo superior oferecia, além da complementação teórica e científica, o desenvolvimento de uma especialidade profissional que habilitava o egresso a atuar como técnico. Os concluintes dos dois ciclos da educação*

---

[18] Equivalente ao Fundamental II, mais Primeiro e Segundo Ano do Ensino Médio.
[19] Terceiro e Quarto Ano do Ensino Médio.

técnico-profissional poderiam prosseguir seus estudos em grau superior, em cursos relacionados com a especialidade correspondente.

Havia um sistema de articulação entre as escolas técnicas e as empresas para a formação de auxiliares técnicos, copiado do sistema alemão, em que os alunos que tivessem concluído o ciclo básico da educação técnico-profissional podiam frequentar a escola dois dias na semana e nos outros dias exerciam atividades práticas formativas nas instalações de empresas. O Programa tinha dois anos de duração[20] e dava direito a um certificado de auxiliar técnico na especialidade cursada. Poderiam também continuar os estudos por mais dois anos, no ciclo superior, e alcançar o título de técnico.

Com a reforma empreendida com a Lei Federal de Educação nº 24.195, de 1992, a educação profissional é desvinculada de todos os níveis de escolarização, ficando restrita ao *status* de escola de regime especial, ocasionando assim o desmantelamento geral do sistema.

É introduzido o nível polimodal, que propõe uma integração de valores formativos sociais na educação, abrangendo as seguintes funções: função ética e de cidadania; função propedêutica; e função de preparação para a vida produtiva, introduzidas em dois níveis, a formação geral de base e a formação orientada. Esta última divide-se em cinco modalidades, necessárias para atender ao mundo do trabalho: (1) Ciências Naturais, Saúde e Meio Ambiente; (2) Economia e Gestão das Organizações; (3) Humanidades e Ciências Sociais; (4) Produção de Bens e Serviços e (5) Artes, Design e Comunicação.

A educação polimodal introduz também trajetos técnico--profissionais – TTPs, oferecidos nas mesmas escolas ou em instituições especializadas, mas em turnos diferentes. Os TTPs

---

20 Temos no Brasil um programa muito semelhante intitulado "Escola de Fábrica".

obedeciam a regulamentação do INET – o Instituto Nacional de Educação Tecnológica[21].

A princípio, o INET projetou 12 trajetos para a educação técnico-profissional:

- Produção Agropecuária
- Gestão Organizacional
- Equipamentos e Instalação Eletromecânica
- Indústrias de Processos
- Eletrônica
- Construções (Mestre Mayor de Obras)
- Construções (Técnico em Construções)
- Tempo Livre, Recreação e Turismo
- Informática
- Saúde e Ambiente
- Comunicação em Multimídia
- Aeronáutica

A reforma da educação argentina caracteriza-se pela inclusão de elementos profissionalizantes no nível polimodal do ensino secundário, pela separação entre o nível polimodal e os TTP, que constituem cursos distintos, pela exigência da conclusão de todo o nível polimodal para a outorga do certificado de técnico e pela possibilidade de acesso do técnico para os cursos de nível superior.

A Reforma Educativa Argentina ignora as restrições materiais, institucionais e políticas que perpassam em geral a toda a sociedade e, especificamente, aos sistemas educativos.

---

21 O Decreto 14.538/44 criou a Comisión Nacional de Aprendizaje y Orientación Profesional (CNAOP) que, posteriormente, fundiu-se com a Dirección Nacional de Enseñanza Técnica, dando origem ao Consejo Nacional de Educación Técnica (CONET), criado como organismo autárquico pela Ley Nº 15.240 sancionada em 1959. Neste contexto, em 1995 foi criado o Instituto Nacional de Educación Tecnológica (INET), com o objetivo de fornecer ao Ministério da Educação um instrumento ágil para o desenvolvimento das políticas para a educação técnico-profissional. (www.inet.edu.ar)

Ao mesmo tempo em que as províncias devem reordenar a estrutura de seus sistemas educativos, especificar conteúdos básicos e capacitar professores "para introduzir na escola real as inovações da reforma ideal"[22], estão também pressionadas por demandas de equilíbrio nas contas fiscais e por transferências de custos que antes cabiam ao Estado Nacional. Inicia-se uma fiscalização centralizada que coloca inspetores com a incumbência de supervisionar o cumprimento das normas e procedimentos com controle dos conteúdos escolares, controle de gastos e avaliação constante dos resultados escolares.

Segue-se dados do CONET – "Consejo Nacional de Educación Técnica" sobre as matrículas na educação técnica e de formação profissional no período 1980-1990:

MATRÍCULAS NA EDUCAÇÃO TÉCNICO-PROFISSIONAL DE 1980 A 1990

ANO	EDUCAÇÃO TÉCNICA	FORMAÇÃO PROFISSIONAL
1980	169.102	17.782
1986	211.356	30.393
1990	264.415	43.612

Figura 24: Matrículas Educação Profissional. Fonte: Argentina. CONET.

Como se pode observar na Figura 23, várias províncias aproveitaram os laboratórios, oficinas e instalações dos cursos técnicos preexistentes e continuaram a oferecê-los.

Tanto a Argentina quanto o Brasil sofreram e ainda sofrem com a globalização, que trouxe consigo uma forte perda de autonomia dos estados nacionais que devem ceder sua capacidade decisória aos capitais transnacionais, aos organismos de financiamento internacional e a uma rede internacional de instituições que decidem as linhas políticas comuns à América Latina (TIRAMONTI, 2001). O resultado mais impressio-

---

22 Traduzido de TIRAMONTI, 2001: 25.

nante tem sido o crescente número de desempregados, dentre os quais muitos não têm condições de enquadrar-se ao perfil proposto pelos organismos transnacionais. Como consequência, os sistemas educativos dos dois países passaram a ser predeterminados pela globalização, pela desintegração e pela reformulação do papel social do Estado. Ao mesmo tempo, a escola deve oferecer políticas compensatórias para as camadas sociais menos favorecidas e não tem como oferecer condições reais para que isto aconteça, contribuindo cada vez mais apenas para a formação de profissionais para o setor mais avançado da economia. Ao ser descentralizada, a escola ficou à mercê dos orçamentos das províncias.

> *No entanto, na prática, as consequências da implementação da modernidade no Estado apresentam traços de anacronismo e irracionalidade, que negariam a essência da modernidade, destroem o Estado como lei, como conjunto de organizações burocráticas e como defensor do interesse geral. Assim, a cidadania, nominalmente consagrada na Constituição, transita percursos de progressivo declínio de sua intensidade, sinal grave dos riscos do darwinismo social a que estariam expostas estas sociedades.* (AGUILAR, 2000: 49)

A autonomia recebida pelas províncias argentinas não parece ter melhorado a qualidade e a equidade do seu sistema educativo, mas apenas inseriu melhor a escola dentro do seu contexto social mais próximo.

CORNEJO (2005-2006) resume, na figura 24[23] apresentada a seguir, a relação entre as modalidades toyotistas de produção e as práticas educativas da década de 1990:

---

23 Traduzido de CORNEJO, 2005-2006: 11.

MODALIDADE TOYOTISTA NA ORGANIZAÇÃO DO TRABALHO	CARACTERÍSTICA EDUCATIVA CORRESPONDENTE
Complexidade dos processos tecnológicos	Necessidade de capacitação para lidar com as novas tecnologias
Versatilidade das tarefas	Cumprimento de papéis diversos no processo de ensino-aprendizagem
Flexibilização e descentralização de tomadas de decisões	Aprendizagem de tomada de decisões e responsabilidade distribuída
Modelos produtivos vinculados em redes	Trabalho em pequenos grupos que progressivamente se integram em estruturas maiores

Figura 25: Organização do Trabalho e Educação.

Na política argentina, em 1998, houve uma união denominada Alianza, integrada pelos partidos Frente Grande, Socialista Democrático, Socialista Popular, Intransigente, Partidos Provinciais e a União Cívica Radical. Segundo Puiggrós (2007), a motivação mais forte dessa união era a luta contra a tentativa de Menem de se perpetuar no poder. A Alianza era constituída de dezenas de comissões de trabalho nas quais participaram cerca de mil intelectuais e profissionais. A Comissão de Educação teve a presença de docentes e de representantes de pequenas e médias escolas privadas, pedagogos, legisladores, estudantes e padres, que elaboraram um importante acordo programático:

> *Los temas principales fueron la solución al problema salarial docente, la prioridad de la capacitación, la reforma del Plan Social Educativo garantizando su aplicación equitativa y desvinculándolo de los conflictos partidarios instalados entre la Nación y las provincias, la modificación de la ley federal de Educación [...], el sostenimiento de la gratuidad n todo el sistema, incluida la educación superior, y el cumplimiento de los preceptos constitucionales referidos a los derechos a la educación de adultos, indígena y especial.* (PUIGGRÓS, 2007: 195-196)

Em 1999, quando assume o governo Fernando de la Rúa, seu ministro da Educação, Juan José Llach, com uma equipe neoliberal, pretendeu atender prioritariamente a interesses financeiros, usando como base filosófica a teoria do capital humano que condiciona a qualidade educativa das pessoas a suas habilidades inatas, sexo, relações familiares etc. O ministro vê-se forçado a renunciar em 2000, por força da Alianza. É sucedido por Hugo Juri e logo depois por Andrés Delich, que conseguiu estabelecer e manter um equilíbrio com a comunidade educativa e dar um grande avanço na discussão sobre a reestruturação do ensino médio e também sobre o programa de capacitação docente provincial.

Segundo PUIGGRÓS (2007), os grandes problemas enfrentados neste período foram devidos a uma crise orgânica que atinge a toda a sociedade argentina e, em consequência, também à escola. A pobreza e a desocupação levam às violações da lei por crianças e adolescentes, à indisciplina e a todos os fenômenos ligados à desordem social e familiar.

Focalizando o Brasil

No período final da ditadura brasileira, Figueiredo enfrentava a campanha pelas *diretas-já*, embora fosse de opinião de que o melhor para o país, durante a transição, seria manter a eleição indireta, que não surpreenderia os militares com imprevistos na sucessão. O Partido Democrático Social – PDS tinha a maioria no colégio eleitoral, e sua maior preocupação seria a escolha do candidato. Paulo Maluf, governador de São Paulo, interessado, passou a trabalhar avidamente os 686 deputados, senadores e delegados estaduais que iriam votar na eleição indireta. O colégio eleitoral era de maioria pedessista, o que significava que indiretamente alguém ligado ao grupo militar de 64 continuaria o governo. Para a manutenção do poder, Figueiredo manteve as eleições indiretas, permitindo representação maior às regiões norte e nordeste onde era maior o apoio à ditadura. Crescia a candidatura de Maluf, mas a rejeição a seu nome era grande dentro do seu próprio partido, o PDS. Em consequência, dois candidatos a candidato, Marco Maciel e Aureliano Chaves (vice-presidente), retiraram sua candidatura e formaram uma dissidência do partido, intitulada Frente Liberal, apoiados e seguidos por grande número de políticos. Por outro lado, o PMDB estava mais unificado, apoiando Tancredo Neves, cujas ideias moderadas agradavam várias facções políticas. Faltava-lhe o apoio militar, que obteve pelo seu contato com uma vasta rede de militares. José Sarney, candidato a vice, tanto era defensor da política da ditadura, como também era conhecido por suas ideias liberais. Apoiados pelo novo Partido da Frente Liberal, criado com os anti-malufistas dissidentes do PDS, deram origem à Aliança Democrática. Figueiredo manteve-se neutro e a coligação venceu Maluf nas eleições. Infelizmente segue-se o triste episódio da doença de Tancredo Neves e da sua morte. Tancredo recebera apoio inesperado de todos os lados, o que lhe proporcionou legitimidade no poder e o país o considerava como um "novo Moisés (SKIDMORE, 1988: 491), que tinha a missão de conduzir o país do deserto da desesperança para uma nova Canaã". Sarney, o vice, passa a governar o país durante a doença de Tancredo e depois de sua morte é legitimado no poder. Uma de suas principais ações iniciais é instalar uma Assembleia Constituinte, que tinha como presidente da comissão Afonso Arinos[24], ilustre constitucionalista. Sarney, pertencente ao partido da ARENA, teve de governar com o ministério escolhido por Tancredo, com maioria de ministros do PMDB.

> *Minha herança incluiu a maior recessão de nossa história, a mais alta taxa de desemprego, um clima sem precedentes de violência, desintegração*

---

24 **Afonso Arinos de Melo Franco,** jurista, político, historiador, professor, ensaísta e crítico brasileiro. Destaca-se pela autoria da Lei Afonso Arinos contra a discriminação racial em 1951.

política potencial e a mais alta taxa de inflação da história de nosso país – 250 por cento ao ano, com a perspectiva de atingir 1.000 por cento. (SARNEY, 1986: 105-106)

Resumindo-se o quadro econômico brasileiro no período 1960-1980, observou-se que em 1960 o café constituía o principal item de exportação e que, em 1982, o ponto forte eram os manufaturados, com preços e mercados mais confiáveis. No entanto, a inflação aumentara de 99,7% em 1981 para 211% em 1982 e 223,8% em 1983. O crescimento das exportações retirou com mais agilidade o país da recessão. No entanto, este fato afetou seriamente os economistas de Sarney, que se equivocaram com o superávit e acharam que a crise de crédito não era mais nosso principal problema (SKIDMORE, 1988) e os levaram à suspensão da dívida externa em 1987.

Na verdade, havia graves problemas causados pela "falta de uma diretriz hegemônica que impulsionasse as ações econômicas num mesmo sentido" (MATOS, 2002: 62). Havia três planos em execução ao mesmo tempo, que tinham metas em comum e metas divergentes, o I PND-NR de 1985, o PCM (Plano de Consistência Macroeconômica, 1987) e o PAG (Programa de Ação Governamental, 1987). Essa superposição de planos dependia, para implementação, da importância política dos seus colaboradores e gerou a descontinuidade das propostas de política industrial.

Em junho de 1987, o governo brasileiro introduziu uma Nova Política Industrial com proposta de abertura da economia, com menos entraves burocráticos e mais possibilidades de entrada do capital estrangeiro. Entretanto, essa primeira fórmula política do novo governo não deu certo, em virtude do endurecimento internacional contra a dívida externa, as pressões americanas contra a reserva da informática e o fracasso do plano cruzado. A falta de uma política específica para a indústria prejudicou bastante a economia nos anos 80.

O PND III (80-85) fora uma declaração de intenções governamentais e não um plano efetivamente implementado. Reflete a crise econômica e a própria crise do governo. Na verdade, era o resultado do impacto do choque do petróleo e dos juros internacionais.

Posteriormente, foi publicado pela SEPLAN o primeiro PND-NR (Plano Nacional de Desenvolvimento da Nova República) com metas para 1986-1989, visando ao crescimento econômico, ao combate à pobreza e ao desemprego, ao incentivo à educação, alimentação, saúde, saneamento, habitação, previdência, justiça, segurança. No aspecto econômico, insistia na alteração dos recursos e instrumentos de negociação da dívida externa, e na necessidade de transferir recursos ao exterior. No setor público, "priorizou a reestruturação do aparelho estatal por meio de medidas que iam desde a privatização seletiva de empresas estatais à reforma administrativa" (MATOS, 2002: 72). Como plano, ficou no papel e nunca foi implementado em virtude das inúmeras mudanças de ministros e da adoção de medidas de curto prazo.

INDICADORES ECONÔMICOS – GOVERNO SARNEY

ANO	US$ milhões	% REAL	Poupança %PIB	Taxa INFLAÇÃO	Taxa DESEMPREGO
1985	211,1	7,9	20,3	23,5	5,3
1986	257,8	8,0	18,0	65	3,6
1987	282,4	3,6	22,7	416	3,7
1988	305,7	-0,1	25,7	1.038	3,8
1999	415,9	3,3	27,1	1.783	3,3

Figura 26: PIB, Valor e Crescimento. Indicadores Econômicos, Governo Sarney: 1985-1989[25]. Fonte: IBGE.

O PAG/87-91 (Plano de Ação Governamental) previa a geração de oito milhões e quatrocentas mil novas ocupações

---
25 ALMEIDA, 2004: 24.

em cinco anos, a prioridade de investimentos na área social, o desenvolvimento do mercado interno e a expansão das exportações. Também não foi implementado, pois suas metas e prioridades já estavam comprometidas pelas restrições orçamentárias limitadoras dos investimentos públicos e pela presença de fenômeno de retração da empresa privada, devido à progressiva desestruturação da economia.

Por outro lado, o povo brasileiro vivenciava um período muito especial de sua história, em que todos se tornaram conscientes de seu direito de reivindicar. Novas leis, como o restabelecimento das eleições diretas, o direito de voto dos analfabetos e a legalização dos partidos políticos aumentam a sensação de liberdade. A criação do PT, Partido dos Trabalhadores, um novo partido de esquerda, auxiliava bastante nesse respirar democrático. O Partido dos Trabalhadores foi fundado em São Paulo por um grupo composto por dirigentes sindicais, intelectuais de esquerda e católicos ligados à Teologia da Libertação, em 1980.

Em 1988, a Assembleia Constituinte, presidida pelo deputado Ulisses Guimarães, recebeu propostas feitas pela classe docente, que lutava por requisitos mínimos para a educação, pela defesa da escola pública e pela vinculação de recursos públicos para a educação nos orçamentos estatais. Pleiteavam dezoito por cento para a União e vinte e cinco por cento para os estados, o distrito federal e os municípios. Na Constituição, os recursos vinculados ficaram restritos ao atendimento do ensino obrigatório e à aplicação de 55 % dos recursos na eliminação do analfabetismo e na universalização do ensino fundamental (art. 212, § 3).

> *Além da luta por mais recursos para a educação, os defensores da escola publica universalizada e de qualidade tiveram de lutar, também, pela garantia da explicitação, no texto legal, dos componentes específicos da manutenção e desenvolvimento do en-*

> sino, uma vez que outra ameaça que sempre rondou o financiamento público da educação nacional tem sido o desvio de recursos para outras funções e ações de governo, com a correspondente "maquiagem educacional", para permitir a regularização formal das prestações de contas. (ROMÃO, 2006: 368)

O texto da lei fala em recursos públicos **para o ensino** e não para a educação, fato considerado positivo, pois educação é um termo amplo demais e poderia propiciar desvios de recursos:

> **Art. 212.** *A União aplicará, anualmente, nunca menos de dezoito, e os Estados, o Distrito Federal e os Municípios vinte e cinco por cento, no mínimo, da receita resultante de impostos, compreendida a proveniente de transferências, na manutenção e desenvolvimento do ensino.*
> *§ 1º. A parcela da arrecadação de impostos transferida pela União aos Estados, ao Distrito Federal e aos Municípios, ou pelos Estados aos respectivos Municípios, não é considerada, para efeito do cálculo previsto neste artigo, receita do governo que a transferir.*
> *§ 2º. Para efeito do cumprimento do disposto no "caput" deste artigo, serão considerados os sistemas de ensino federal, estadual e municipal e os recursos aplicados na forma do art. 213.*
> *§ 3º. A distribuição dos recursos públicos assegurará prioridade ao atendimento das necessidades do ensino obrigatório, nos termos do plano nacional de educação. [...]*

Segundo Antunes (2003: 3),

> *O Brasil, sob o fim da ditadura militar e no período Sarney, nos anos 80, ainda se encontrava*

relativamente distante do processo de reestruturação produtiva do capital e do projeto neoliberal, já em curso acentuado nos países capitalistas centrais. Mas também já sofria os primeiros influxos da nova divisão internacional do trabalho. Sua singularidade, dada por um país de capitalismo hipertardio, fora afetada pelos novos traços universais do sistema global do capital, redesenhando uma particularidade brasileira diferenciada, ao menos em alguns aspectos, frente à estruturação anteriormente existente.

Essa nova perspectiva do trabalho tornava urgente uma modificação na educação profissional, oferecida então em cursos longos de quatro anos, integrados ao ensino secundário.

Em 1990, Fernando Collor de Mello havia sido eleito presidente com uma campanha financiada pela elite brasileira e pelos conservadores em geral, em detrimento de Luís Inácio da Silva, metalúrgico e membro do PT, considerado um candidato inculto e perigoso pelos seus ideais de esquerda. Collor reativou o congelamento de preços e salários, ao mesmo tempo em que confiscou todas as reservas públicas por dezoito meses, com o objetivo declarado de evitar uma explosão do consumo.

De acordo com a Constituição de 1988, o Presidente da República deve encaminhar ao Congresso Nacional, até 31 de agosto, suas metas para o seu período de governo. Collor apresentou em 1990 as propostas para o plano plurianual de investimentos, para a lei de diretrizes orçamentárias e para o orçamento que vigorariam de 1991 a 1995.

A partir do governo Collor, a política industrial tem visão estruturalista. A economia, na ocasião, fez um retorno a 1960 pelo academicismo dos economistas que tratavam a política econômica como algo pouco concreto. Aos poucos, o congelamento vai se esfacelando, imerso em uma série de exceções e muitas denúncias de corrupção, além de aumentar cada vez mais a insatisfação da elite e do povo em geral que tivera sua poupança confiscada. Havia, na verdade, forte diferença entre o Plano Plurianual – PPA proposto e as verdadeiras intenções do governo, que acabou afastado por *impeachment* em 1992.

Itamar Franco, o vice, quando assume, revê as prioridades do plano, mas não consegue propor um novo projeto econômico e social. No entanto, chama para o Ministério da Fazenda o sociólogo Fernando Henrique Cardoso, que reuniu uma equipe de economistas de destaque. A equipe descartou medidas de choque, como congelamento de preços, de salários ou de taxas cambiais e cria uma nova moeda, chamada, num primeiro estágio de sua implementação, de URV – Unidade Real de Valor, para combater a inflação inercial. A partir de julho de 1994, a nova moeda passou a chamar-se Real e tinha como base os valores convertidos em URVs enxutos da inflação inercial. Foi também adotada uma taxa cambial que incentivava as importações com a finalidade de conter o consumo. O resultado foi que a inflação caiu vertiginosamente e o consumo explodiu. O Real era uma moeda estável e quase unitária ao dólar norte-americano (ARAUJO, 2004).

INDICADORES ECONÔMICOS – GOVERNOS COLLOR E ITAMAR FRANCO

ANO	US$ milhões	% REAL	Poupança %PIB	Taxa % INFLAÇÃO	Taxa % DESEMPREGO
1990	469,3	-4,3	18,0	1.477	4,3
1991	405,7	1,3	11,4	480	4,8
1992	387,3	-0,5	12,9	1.158	5,8
1993	429,7	4,9	14,6	2.708	5,3
1994	543,1	5,9	16,6	1.094	5,1

Figura 27: Indicadores Econômicos, Governos Collor e I. Franco: 1990-1994[26]. Fonte: IBGE.

---

26 ALMEIDA, 2004: 27.

Segundo palavras do governo no documento "Desenvolvimento para a educação no Brasil de 1996,"[27] o Plano Real foi bastante feliz no combate à inflação que caiu de 50% em julho de 1994, para cerca de 1%, nos primeiros meses de 1996.

> *Ainda que moderada, a retomada do crescimento, associada ao controle da inflação, teve um efeito redistributivo da renda em favor das classes mais pobres. Houve um aumento real do rendimento médio das pessoas ocupadas, acompanhado de uma forte contenção de preços dos produtos que compõem a cesta básica de alimentação. Apesar de o Brasil ainda apresentar um quadro geral de alta concentração da renda, entre 1994 e 1995, os 50% mais pobres apropriaram-se de 1,2% a mais da renda, enquanto os 20% mais ricos perderam 2,3%.*

O sucesso do Plano Real elegeu Fernando Henrique Cardoso presidente, de 1995 a 1999, e novamente Lula, Luís Inácio da Silva, perdeu as eleições. O objetivo principal do governo FHC era o plano de estabilização da moeda. Outros pontos importantes foram segurar a inflação, privatizar as empresas estatais e a criação de agências reguladoras para se fazer cumprir os contratos de venda das estatais. A modernização do governo e a criação da rede de proteção social (bolsa-família, bolsa-alimentação etc) foram também passos importantes presentes até os dias de hoje.

O PPA 1996-1999 colocou uma previsão de obras e projetos da ordem de 460 bilhões nos setores de energia elétrica, petróleo, telecomunicações, transportes, saneamento básico, educação (Ensino Básico), alimentação infantil e medidas de combate à mortalidade infantil. As principais metas eram de equilíbrio fiscal, crescimento interno e externo. Sua prioridade

---

[27] De autoria do Ministério da Educação e do Desporto.

foram aquelas ações que possuíam efeitos catalisadores de outros projetos e ações tanto no setor público quanto no setor privado. As principais áreas de investimento foram:

- **Energia:** Proposta de entrada de empresas privadas. Com ampliação da oferta de petróleo e de gás natural.
- **Telecomunicações:** investimentos duas vezes maiores, de 31 bilhões. Ampliação da telefonia móvel, rural e urbana.
- **Ciência e tecnologia:** O PIB sobe de 0,7 para 1,5. Áreas prioritárias: aeroespacial, nuclear, meio ambiente, mar e saúde.
- **Educação:** alocação de recursos de 12 bilhões, com prioridade para a educação básica. Recursos do FNDE para o ensino fundamental.
- **Agrícola:** mecanismos diferenciados de crédito, política de garantia de preços mínimos e sistema de gestão de estoques públicos.
- **Redução dos desequilíbrios espaciais:** transportes para integração nacional.
- **Desenvolvimento social:** geração de empregos, renda e qualificação para o trabalho.

Efetivamente trabalhou-se apenas com variáveis econômicas, alcançando-se apenas o caráter de um plano econômico normativo de médio prazo. Segundo Almeida, (2004: 28)

> *[...] o PPA 1996-1999 trouxe novos conceitos no ordenamento econômico-espacial do Brasil, com a definição de "eixos nacionais de integração e desenvolvimento", e os "projetos estruturantes", ao passo que o Programa "Brasil em Ação" agregou ao plano o gerenciamento de grandes empreendimentos estratégicos. Entre os eixos estratégicos de integração, definidos no início do segundo governo*

Fernando Henrique Cardoso (1999-2002), estavam os transportes, a energia, as telecomunicações, bem como novas tecnologias.

Em 1997, é criado o pelo MEC o Programa de Expansão da Educação Profissional – PROEP como uma iniciativa para implementação dos preceitos e dispositivos estabelecidos pela Lei de Diretrizes e Bases da Educação Nacional – LDB (Lei nº 9.394, de 20 de dezembro de 1996) e do Decreto nº 2.208/97 que regulamentou dispositivos dessa Lei e envolveu

> *[...] uma operação de crédito de US$ 250 milhões entre o Governo Brasileiro e o Banco Interamericano de Desenvolvimento – BID, com o comprometimento de US$ 250 milhões a título de contrapartida nacional, totalizando US$ 500 milhões. A contrapartida nacional é composta, em igual valor, de recursos do Ministério da Educação e do Ministério do Trabalho e Emprego – MTE, destacados no orçamento do Fundo de Amparo ao Trabalhador – FAT, cujo apoio foi formalizado na reunião do CODEFAT, realizada em 02 de julho de 1997, que deliberou favoravelmente, comprometendo-se a alocar recursos da ordem de US$ 125 milhões*[28].

O objetivo do Programa abrangeu aspectos técnico-pedagógicos, como flexibilização curricular, gestão escolar que contemple a autonomia, flexibilidade, captação de recursos e parcerias, garantindo a expansão da rede de educação profissional e criando um sistema de educação profissional separado do ensino médio e do ensino universitário. O objetivo principal era a oferta de cursos pós-médios não universitários e cursos livres

---

28 BRASIL, Ministério da Educação. Secretaria de Educação Média e Tecnológica. www.fnde.gov.br.

de nível básico e de aperfeiçoamento. Também foi prevista uma reforma do ensino médio acadêmico, sua revisão curricular e um plano de expansão e melhoria desse nível de ensino. A Figura 28 mostra o cronograma de utilização das Fontes de Recursos durante cinco anos:

CRONOGRAMA PROEP – FONTE DE RECURSOS

FONTE	Ano I	Ano II	Ano III	Ano IV	Ano V	Ano VI	Total US$
BID	15.000	79.750	73.250	50.750	23.750	7.500	250.000
T. N.	25.000	37.587	29.474,2	20.463,3	90.34,1	3.440,9	125.000
FAT	35.911,8	26.675,6	29.274,2	20.463,4	100.34,1	2.440,9	125.000
Total	75.911,8	144.013,1	132.198,4	91.676,7	42.818,2	13.381,8	500.000

Figura 28: Cronograma Estimativo de Utilização e Fontes de Recursos do PROEP. Fonte: BRASIL, Ministério da Fazenda. STN.

A Figura 29 exibe um cronograma geral dos gastos por categoria e fontes de recursos para o PROEP:

CATEGORIA: SUBPROGRAMA	LOCAL	BID	TOTAL	%
1. Gastos de Administração	25,0	–	25,0	5,0
2. Implementação de Políticas Globais	25,0	14,0	39,0	
2.1 Equipamentos	–	0,4	0,4	
2.2 Consultoria	9,9	2,5	12,4	
2.3 Capacitação	8,0	7,3	15,3	
2.4 Serviços Especializados	7,1	3,8	10,9	
3. Planos Estaduais e Projetos Escolares	200,0	233,5	433,5	8,0
3.1 Obras infraestrutura física	50,0	70,0	120,0	86,5
3.2 Mobiliário e Equipamentos	82,9	117,4	200,3	
3.3 Capacitação	20,0	10,0	30,0	
3.4 Consultorias	17,4	17,4	34,8	
3.5 Serviços Especializados	9,7	–	9,7	
3.6 Imprevistos	20,0	18,7	38,7	

CATEGORIA: SUBPROGRAMA	LOCAL	BID	TOTAL	%
4. Comissão de Inspeção e Supervisão	–	2,5	2,5	0,5
TOTAL	250,0	250,0	500,0	100,0

Figura 29: Brasil. Programa de reforma de educación profesional.
Fonte: Cf. BID. Operación número 1.052/OC-BR. Washington, D. C.:
BID, 15 de noviembre de 1997, 39 p. e Anexos: I-4, III-3 e III-4, p. 20.

De acordo com DEITOS (2002), no período de 1997 a 2002 foram firmados pelo MEC 334 convênios com instituições públicas e privadas em todo o país: 65 do segmento federal, (149 milhões de reais); 136 do segmento estadual (287 milhões de reais); e 133 do segmento comunitário (361 milhões de reais). Seguem-se alguns dados estatísticos com porcentagens de níveis da educação e evolução de matrículas por grau de ensino, de 1960 a 1990:

POPULAÇÃO POR NÍVEL DE EDUCAÇÃO

Nível	1960	1970	1980	1990
Analfabetos	46	42	33	22
Fundamental 1	41	40	41	38
Fundamental 2	10	12	14	19
Médio	2	4	7	13
Superior	1	2	5	8

Figura 30: População por Nível de Educação (%) BRASIL – 1960 a 1990.
Fonte: *Relatório Sobre o Desenvolvimento Humano*,
1996; PNUD/IPEA, Brasília, 1996.

EVOLUÇÃO DA MATRÍCULA POR GRAU DE ENSINO

	Pré-escola	Fundamental	Médio	Superior
1970	374	15.895	1.119	425
1975	566	19.549	1.936	1.073
1980	1.335	22.598	2.819	1.377
1985	2.482	24.770	3.016	1.368

	Pré-escola	Fundamental	Médio	Superior
1991	5.284	29.204	3.770	1.565
1994	5.687	31.220	5.073	1.661

Figura 31: Evolução da Matrícula por Grau de Ensino (em mil). FONTE: MEC/SEDIAE/SEEC.

A década de 1990 no Brasil apresentou uma relação conflituosa entre trabalho e educação. Houve notável queda de renda entre os formados em cursos superiores, não se apresentando, para este segmento, facilidade para acesso ao emprego, e, em consequência, sofrendo contra a precariedade e deterioração dos salários:

> *Enquanto para uma parcela significativa de jovens filhos de pais pertencentes às classes de renda média e alta tem havido uma pressão considerável para o abandono do país em busca de melhores perspectivas ocupacionais e de renda, aos jovens filhos de pais pobres a violência tem se alastrado como reflexo da falta de um horizonte de ocupação e renda decente. Ou seja, em ambos os extremos da escala social, transparece um cenário de falta de perspectivas de inserção no mundo do trabalho, apesar da elevação dos indicadores de escolaridade.* (POCHMANN, 2004: 231)

A escola, nesta década, não funcionou como mecanismo de combate à exclusão social, pois os postos de trabalho foram ocupados por pessoas com formação acima dos requisitos exigidos para o cargo, devido à falta de empregos e de perspectivas, principalmente para os jovens.

Na educação, após seis anos de debates, em dezembro de 1996, finalmente fora promulgada a nova **LDB – Lei nº 9.394**. Trata-se da mais importante e discutida Lei de Diretrizes e Bases da Educação Nacional, cuja proposta final é conflitante com as discussões realizadas. Dividiu a educação escolar em dois níveis:

I – educação básica, formada pela educação infantil, ensino fundamental e ensino médio;
II – educação superior.

Sobre a educação profissional afirma:

> *A educação profissional, desvinculada da educação básica, poderá ser desenvolvida em articulação com o ensino regular ou por diferentes estratégias de educação continuada, em instituições especializadas ou no ambiente de trabalho.*

O Decreto Federal nº 2.208/97 complementou a LDB no que dizia respeito à Educação Profissional, ao regulamentar o § 2º do artigo 36 e os artigos 39 a 42 da LDB, estabelecendo, entre outros aspectos, que a Educação Profissional deveria compreender três níveis de ensino:

- **Nível básico:** destinado à qualificação e reprofissionalização de trabalhadores, independente de escolaridade prévia;
- **Nível técnico:** destinado a proporcionar habilitação profissional a alunos matriculados ou egressos do ensino médio;
- **Nível tecnológico:** correspondente a cursos de nível superior na área tecnológica.

A partir do Decreto 2.208/97, o nível técnico passou a ser organizado de forma independente do Ensino Médio, ainda que permitida a complementaridade até o limite de 25% do total da carga horária mínima desse nível de ensino.

Segundo Oliveira (2003: 8)

> *As principais determinações do decreto foram a extinção da integração entre a educação geral e educação profissional; priorização das necessidades do mercado; afastamento do Estado do custeio da educação; fim da equivalência entre ensino profissional e ensino médio; elitização da formação do técnico devido ao aumento do tempo da sua formação; possibilidade, em médio prazo, da extinção da função de técnico, devido à prerrogativa de certificação de competências, sucateamento do ensino técnico provocado, sobretudo, pela adoção do sistema modular, do nível básico, do ensino por competência e da nova configuração do ensino profissional (concomitância interna e externa e pós-médio).*

O prazo de implantação da Reforma foi fixado em quatro anos pela Portaria 646/97, que também colocou como metas a expansão crescente da matrícula no ensino profissional e a redução crescente de vagas para o ensino médio nas escolas da rede federal.

A LDB 9.394, no artigo 71, estabelece os segmentos onde não podem ser aplicados recursos públicos da educação. O motivo de a lei preocupar-se com o que **não deve ser** feito, em detrimento do **onde deve ser** foram mais uma vez os constantes desvios de recursos. Pesquisa, subvenção a instituições públicas ou privadas de caráter assistencial, formação de quadros especiais para a administração pública, programas suplementares de alimentação e assistência médico-odontológica, farmacêutica e psicológica, obras de infraestrutura, pagamento de pessoal docente e demais trabalhadores da educação são os segmentos onde os recursos não podem ser aplicados por facilitar possíveis desvios de verba (ROMÃO, 2006).

O Ensino Fundamental contava, desde 1964, com verbas do salário-educação, que somente passaram a ser recebidas diretamente pelos municípios em 1983[29]. Este fora criado como uma contribuição social devida pelas empresas pela lei 4.440, para "suplementar as despesas públicas com a educação elementar"[30]. Em 1985, um novo decreto, o 91.781, atrelou a concessão do salário-educação para a educação municipal à criação de Estatuto do Magistério Municipal, para que o município pagasse pelo menos um salário-mínimo aos professores, que passaram a ter direito também a critérios objetivos de acesso, progressão e aposentadoria na carreira docente.

Segundo o documento Desenvolvimento para a Educação no Brasil de 1996,[31]

> *[...] os estados contribuem com a maior parcela do financiamento público da educação, pouco mais de 48%, seguidos dos municípios com 30% e da União, que aporta cerca de 22%. Considerando-se o agregado dos recursos públicos, o ensino fundamental absorve a maior parcela do investimento, cerca de 36%, seguido do ensino superior com 25%. O ensino médio, com 5%, e a educação infantil, com 4%, são os segmentos que, na educação regular, absorvem as menores parcelas do investimento público. Esses percentuais alteram-se quando se considera o investimento de cada nível de governo: os estados gastam significativamente mais do que a média, no ensino fundamental, e os municípios gastam acima da média, na educação infantil. Já no caso do Governo Federal, a maior concentração dos dispêndios é na manutenção da rede de ensino superior.*

---

29 Decreto 88.374.
30 BRASIL, 1964, Lei 4.440, Artigo 1º.
31 De autoria do Ministério da Educação e do Desporto.

O ensino técnico profissional é oferecido simultaneamente e de forma integrada ao ensino médio geral. Para atender à formação profissional nas áreas de serviço, indústria e agricultura, o MEC mantém uma rede de 134 escolas de educação profissional. Esses estabelecimentos detêm uma experiência acumulada na área, constituindo-se num patrimônio que poderá servir de base para a expansão da oferta [...].

HABILITAÇÕES OFERECIDAS PELA EDUCAÇÃO PROFISSIONAL

SETOR PRIMÁRIO	SETOR SECUNDÁRIO	SETOR TERCIÁRIO
Agropecuária Agricultura Pecuária	Mecânica Eletromecânica Eletrotécnica Eletrônica Telecomunicações Instrumentação	Administração Contabilidade Estatística Publicidade Secretariado Comercialização e Mercadologia

Figura 32: Habilitações da Educação Profissional.

A seguir, a figura 33 apresenta um demonstrativo do número de matrículas de 1971 a 1994, por dependência administrativa:

MATRÍCULAS 1971-1994

ANOS	TOTAL	FEDERAL	ESTADUAL	MUNICIPAL	PARTICULAR
1971	1.119.421	4,0	47,9	4,6	43,5
1975	1.935.903	4,1	47,5	3,1	45,3
1980	2.819.182	3,1	47,0	3,5	46,5
1985	3.016.138	3,3	59,0	4,4	33,3
1989	3.477.859	2,8	62,4	4,4	30,4

ANOS	TOTAL	FEDERAL	ESTADUAL	MUNICIPAL	PARTICULAR
1991	3.770.230	2,7	65,6	4,7	27,0
1994	5.073.307	2,1	71,8	5,3	20,8

Figura 33: Ensino Médio – Matrícula Inicial. Distribuição por Dependência Administrativa. Brasil – 1971-1994.

Observe-se que o maior índice de matrículas no ensino Médio acontece nas redes estaduais.

HABILITAÇÕES TÉCNICAS OFERECIDAS DE 1989-1994

HABILITAÇÕES	1989	%	1994	%	% 1989-1994
MAGISTÉRIO 1º GRAU	488.357	14,0	766.188	15,1	56,9
TÉCNICO CONTABILIDADE	564.519	16,2	711.871	14,0	26,1
ASSISTENTE ADMINISTRATIVO	119.953	3,4	114.190	2,3	-4,8
TEC. PROCES. DADOS	63.344	1,8	103.953	2,0	64,1
AUXILIAR CONTABILIDADE	19.044	0,5	62.618	1,2	229,5
TÉCNICO ELETRÔNICA	47.075	1,4	46.655	0,9	-0,9
TÉCNICO MECÂNICA	40.187	1,2	40.781	0,8	1,5
TÉCNICO AGROPECUÁRIA	31.266	0,9	35.607	0,7	13,9
TÉCNICO ELETROTÉCNICA	25.760	0,7	35.538	0,7	38,0
TÉCNICO SECRETARIADO	36.876	1,1	34.568	0,7	-6,3

Figura 34: Ensino Médio – Habilitações com maior número de Alunos e percentual em relação ao total do Ensino Brasil – 1989/1994.

De 1989 a 1994 as matrículas nos cursos técnicos concentram-se em grande proporção no magistério de segundo grau, técnico de contabilidade e assistente de administração, os cursos voltados para a indústria apresentam índices menores (Eletrônica, Eletrotécnica, Mecânica), com melhores resultados em 1994 para o curso de Processamento de Dados que cresce 64,1 no período.

Segundo Frigotto (2002) na década de 90 houve vários eventos organizados mundialmente com a finalidade de traçar diretrizes gerais para a educação do mundo globalizado. O primeiro foi a "Conferência Mundial sobre Educação para Todos" realizada em Jomtien, Tailândia, de 5 a 9 de março de 1990 e financiada pelas agências UNESCO, UNICEF, PNUD e Banco Mundial. Esta conferência mundial apresentou uma "visão para o decênio de 1990" e tinha como principal eixo a ideia da "satisfação das necessidades básicas de aprendizagem":

> *Cada pessoa – criança, jovem ou adulto – deverá estar em condições de aproveitar as oportunidades educacionais oferecidas para satisfazer suas necessidades básicas de aprendizagem. Estas necessidades abarcam tanto as ferramentas essenciais para a aprendizagem (como a leitura e a escrita, a expressão oral, o cálculo, a solução de problemas) como os conteúdos básicos da aprendizagem (conhecimentos teóricos e práticos, valores e atitudes) necessários para que os seres humanos possam sobreviver, desenvolver plenamente suas capacidades, viver e trabalhar com dignidade, participar plenamente do desenvolvimento, melhorar a qualidade de sua vida, tomar decisões fundamentais e continuar aprendendo. A amplitude das necessidades básicas*

de aprendizagem varia de país a país em sua cultura e muda inevitavelmente com o transcurso do tempo. (WCEA, 1990: 157)[32]

Entre 1993 e 1996, a Comissão Internacional sobre Educação para o Século XXI, convocada pela UNESCO, coordenada pelo francês Jacques Delors, produziu o chamado Relatório Delors, que apresenta um diagnóstico do "contexto planetário de interdependência e globalização". Destacam-se a questão do desemprego e da exclusão social, mesmo em países ricos. O Relatório enfatiza a educação como instrumento fundamental para corresponder-se a esses novos desafios, particularmente a educação média. Recomenda "a reforma do financiamento e da administração da educação, começando pela redefinição da função do governo e pela busca de novas fontes de recursos" e o estreitamento de laços da educação profissional com o setor produtivo e entre os setores público e privado na oferta de educação, a atenção aos resultados, a avaliação da aprendizagem, a descentralização da administração das políticas sociais (FRIGOTTO, 2002: 4).

O documento "Desenvolvimento para a Educação no Brasil de 1996", de autoria do Ministério da Educação e do Desporto, apresenta os valores autorizados para a função Educação e Cultura entre 1995 e 1998, em bilhões de reais, em preços médios de 1998:

VALORES EM BILHÕES DE REAIS – EDUCAÇÃO E CULTURA

1995	14.010.293.873
1996	12.252.383.350
1997	12.220.174.739
1998	11.269.810.530*

Figura 35: Orçamento da Educação no Brasil.

---

[32] Apud FRIGOTTO, 2002.

Como se pode verificar, de 1995 para 1998 ocorre uma queda de 19,57% no volume de recursos autorizados, sendo de 8,02% a diminuição de 1998 para 1996 e de 7,78%, de 1998 para 1997. Os valores efetivamente gastos no período representam as seguintes proporções: 82,23%, em 1995; 86,18%, em 1996 e apenas 55,33% em 1997, até o dia 23/10.

Caracterizaram o panorama sociocultural pós 1990: (1) Subsídios do estado ao capital privado; (2) Escolas comunitárias e escolas organizadas por centros populacionais – massa de barganha de recursos públicos; (3) escolas cooperativas tipo Maringá (aluno recebe cupom e paga escola); (4) adoção de escolas públicas por empresas; (5) surgimento de ONGs que despertam o fundo público para autopagamento (FRIGOTTO, 1995)

A nova base teórica é Hayek (1987), que prega que a democratização e a igualdade levam à servidão. O princípio fundamental é a liberdade de mercado. É o período da chamada nova "revolução tecnológica e industrial", com a mudança da tecnologia com base microeletrônica mediante informatização e robotização, com predomínio da informação sobre a energia, sistemas vinculados aos processos de produção: *just in time; Kan Ban; CAD CAN*, um trabalhador com capacidade de análise e solução de problemas em equipe. O Toyotismo é um sistema de produção, qualidade total, flexibilização, trabalho participativo com enxugamento rápido de mão de obra. Seus componentes básicos: domínio dos fundamentos científico-intelectuais subjacentes às diferentes técnicas do processo produtivo moderno e especialistas num determinado ramo profissional; compreensão de um fenômeno em processo (máquinas inteligentes, organização produtiva); responsabilidade, lealdade, criatividade, sensualismo; disposição do trabalhador para colocar seu potencial à serviço da empresa (FRIGOTTO, 1995).

Segundo Tedesco, (2003: 15-16)

> *[...] um dos fenômenos mais importantes nas transformações sociais atuais é o aumento signifi-*

cativo da desigualdade social. A evolução da distribuição de renda no mundo nas últimas décadas permite observar que, em geral, mantêm-se altos os níveis de concentração de riqueza nos países em desenvolvimento, e que os países ricos atravessam um processo significativo de concentração de renda que os aproxima do perfil dos países em desenvolvimento. Apesar de existir um consenso quanto ao reconhecimento da complexidade desses processos, também se admite que um dos fatores fundamentais associado ao aumento da desigualdade é a transformação na organização do trabalho. A esse respeito, as informações disponíveis permitem verificar que a incorporação de novas tecnologias ao processo produtivo está associada à eliminação de numerosos postos de trabalho. Nesse contexto, a maior parte dos novos postos de trabalho não é criada nos setores tecnologicamente mais avançados, mas nos serviços em que o custo do trabalho representa uma proporção importante do preço do produto.

Como é analisada por Tedesco, a criação de postos de trabalho é associada a níveis de salário. Os setores de alta produtividade têm sempre políticas salariais generosas, em detrimento dos outros setores. Onde há bons salários há poucos empregos, criados em função da evolução tecnológica, responsável pelo aumento da desigualdade. Surge também um novo fenômeno, a exclusão da participação no ciclo produtivo, pois somente se pode incorporar uma minoria de trabalhadores, para os quais haveria garantias de segurança no emprego em troca de uma identificação total com a empresa e com suas exigências de reconversão permanente. Para os outros apenas ficam reservadas condições precárias, expressas em contratos temporários, trabalhos de tempo parcial e desemprego em boa parte da vida útil do trabalhador. No entanto, na década de 1990,

> *[...] a reestruturação produtiva do capital desenvolveu-se intensamente em nosso país, através da implantação de vários receituários oriundos da acumulação flexível e do ideário japonês, com a intensificação da* lean production, *do sistema just-in-time, kanban, do processo de qualidade total, das formas de subcontratação e de terceirização da força de trabalho, daquilo que, seguindo Juan Jose Castillo, vimos denominado como liofilização organizacional.* (ANTUNES, 1999: 52-59)

Os traços de superexploração do trabalho são muito acentuados no período, com empresas buscando relocalização, com a finalidade de usar força de trabalho mais barata.(ANTUNES,1999).

As ações previstas no PPA-96 envolviam recursos públicos e privados próximos a R$ 459 bilhões. Deste montante, 12 bilhões destinava-se ao setor educacional, com programas de valorização da escola e sua autonomia, envolvimento da comunidade, valorização do magistério, cursos de reciclagem e atualização, alimentação, educação à distância, formação de docentes para a educação de jovens e adultos, capacitação profissional e aparelhamento das salas de aula, com recursos da informática. Recursos do FNDE – Fundo Nacional de Desenvolvimento da Educação seriam aplicados no ensino fundamental, com especial atenção às regiões mais carentes. Dos 12 bilhões previstos, foram aplicados 11.663.854.508, ou seja, 96%, um bom índice.

Em relação ao PIB, os índices percentuais do gasto com educação de 1994 a 1999 foram:

RELAÇÃO PIB/EDUCAÇÃO

BRASIL	1994	1998	1999
	3,8	4,2	4,3

Figura 36: Relação PIB/Educação. Fonte: INEP/MEC.

Já para a colocação de mão de obra, tomando-se os anos de 1994 e 1999 como base de comparação, os índices percentuais de variação chegam a 14,4. No entanto, de 1998 a 1999 a variação é de 1,4.

PESSOAL EMPREGADO POR SETOR

ANO	AGRO	%	INDÚSTRIA	%	SERVIÇO	%	TOTAL
1990	14,91	25,4	13,68	23,4	29,98	51,2	58,58
1991	15,27	25, 8	12,94	21,9	30,83	52,2	59,03
1992	15,64	26,4	12,28	20,7	31,33	52,9	59,25
1993	15,57	26,1	12,43	20,8	31,63	53,1	59,63
1994	15,37	25,4	12,37	20,5	32,67	54,1	60,41
1995	15,16	24,7	12,24	20,0	33,83	55,2	61,23
1996	13,91	23,3	11,98	20,0	33,88	56,7	59,76
1997	13,68	22,7	11,97	19,9	34,47	57,3	60,12
1998	13,29	21,9	12,14	19,9	35,74	58,1	60,77
1999	14,36	23,0	11,99	19,2	36,06	57,8	62,42
2000	14,89	23,0	12,59	19,3	37,24	57,6	64,62

Figura 37: Pessoal empregado por setor. IPEA. 2002.

Em 1996, foi lançado um Plano de Desenvolvimento da Educação no Brasil. Deste plano faz parte também um projeto de Emenda Constitucional que reflete sobre os mecanismos de redistribuição da arrecadação dos tributos federais e estaduais para estados e municípios, os quais não garantem maior equidade, porque estão vinculados a critérios não educacionais como renda *per capita* e população total. Com algumas exceções, a capacidade de investimento de estados e municípios é inversamente proporcional às responsabilidades de cada um na manutenção das redes de ensino fundamental. A emenda prevê que, nos próximos dez anos, pelo menos 60% desses recursos vinculados sejam destinados, exclusivamente, ao ensino fundamental obrigatório, constituindo-se um Fundo de Manutenção e Desenvolvimento do Ensino Fundamental e

Valorização do Magistério, em cada unidade da federação. Cada fundo deve assegurar um investimento mínimo por aluno/ano, fixado pelo Governo Federal. Se os mecanismos do Fundo não forem suficientes para atingir ao percentual mínimo, a União fornecerá os adicionais.

O Índice de Desenvolvimento Humano (IDH) da Educação de 1970 a 1996 é o seguinte (dados PNUD, 1998):

IDH 1970-1996

ANO	IDH	EDUCAÇÃO	ESPERANÇA DE VIDA
1970	0,49	0,61	0,46
1980	0,73	0,70	0,61
1991	0,79	0,76	0,69
1995	0,81	0,81	0,70
1996	0.83	0,82	0,71
1997	0,739		
1998	0.749		
2000	0.757		

Figura 38: Indicadores sociais. 1970-2000. FONTE: PNUD – Relatório de Desenvolvimento Humano 1998, 2000 e 2002.

Na década de 1990, a rede de Educação Profissional do Brasil era composta por 3.948 instituições de ensino, sendo 67,3% mantidas pelo setor privado e 32,7% pelo setor público. Compõe o setor privado as escolas do Sistema S, cursos livres e oferecidos por sindicatos, ONGs e outras.

O setor público, objeto deste trabalho, em 1996, apresentava os seguintes protagonistas:

1. Ensino Médio e Técnico, incluindo rede federal, estadual e municipal;
2. Universidades Públicas e Privadas.

Segundo Manfredi (2002), as redes estaduais tinham mais alunos (71,7%) no nível técnico e a rede federal apresentava melhores índices no nível tecnológico (50%) do que no técnico (27,4% das matrículas).

Número de Instituições por Nível de Educação Profissional, segundo a Unidade da Federação e a Dependência Administrativa

Unidade da Federação	Dependência Administrativa (2)	Total	Básico	Técnico	Tecnológico
BRASIL - TOTAL		3.948	2.034	2.216	258
	FEDERAL	150	103	120	30
	ESTADUAL	800	187	689	24
	MUNICIPAL	342	199	152	6
	PRIVADA - TOTAL	2.656	1.545	1.255	198
	SISTEMAS	409	388	172	5

1. Dados Gerais — Número de Instituições por Nível de Educação Profissional [1]

Figura 39: Número de Instituições por Nível de Educação Profissional.

Número de Cursos, Matrículas e Concluintes do 1º Semestre, segundo a Unidade da Federação e Áreas de Cursos

Unidade da Federação	Áreas de Cursos			Cursos	Matrículas	Concluintes
Brasil	Brasil - Total			5.018	716.652	91.358
	Agropecuária e Pesca	Total		343	55.914	4.928
		Agropecuária	Total	339	54.809	4.438
			Agricultura e Pecuária	326	54.170	4.355

Unidade da Federação	Número de Cursos, Matrículas e Concluintes do 1º Semestre, segundo a Unidade da Federação e Áreas de Cursos					
^	Áreas de Cursos			Cursos	Matrículas	Concluintes
Brasil			Silvicultura	13	639	83
		Recursos Pesqueiros	Total	4	1.105	490
			Pesca	4	1.105	490
	Indústria	Total		1.191	178.209	23.110
		Indústria	Total	907	137.033	17.736
			Alimentos e Bebidas	45	3.982	447
			Têxteis e Vestuário	26	3.680	643
			Couro e Calçados	13	616	26
			Plástico e Borracha	11	1.986	44
			Celulose e Papel	6	214	16
			Mecânica e Metalurgia	255	36.658	6.363
			Elétrico e Eletrônica	491	80.512	8.237
			Automotiva	20	3.475	450
			Produtos de Madeira e Similares	13	727	58
			Distribuição de Água, Gás e Eletricidade	27	5.183	1.452
		Mineração	Total	9	1.071	112
			Mineração	9	1.071	112

Unidade da Federação	Número de Cursos, Matrículas e Concluintes do 1º Semestre, segundo a Unidade da Federação e Áreas de Cursos				
	Áreas de Cursos			Cursos	Matrículas	Concluintes
Brasil		Química	Total	138	14.672	928
			Petróleo e Álcool	8	1.146	0
			Produtos Químicos e Petroquímica	121	12.566	922
			Cerâmica	9	960	6
		Construção Civil	Total	115	23.348	4.172
			Construção Civil	115	23.348	4.172
		Geomática	Total	22	2.085	162
			Geomática	22	2.085	162
	Comércio	Total		41	3.434	382
		Comércio	Total	41	3.434	382
			Comércio, Manutenção e Reparação	6	512	39
			Comércio Atacadista	16	1.240	24
			Comércio Varejista	7	296	0
			Atividades Imobiliárias	12	1.386	319
	Serviços	Total		3.443	479.095	62.938
		Turismo e Hospitalidade	Total	123	9.043	1.163
			Alojamento e Alimentação	18	1.155	86

Unidade da Federação	Número de Cursos, Matrículas e Concluintes do 1º Semestre, segundo a Unidade da Federação e Áreas de Cursos				
	Áreas de Cursos			Cursos	Matrículas	Concluintes
Brasil			Turismo	105	7.888	1.077
		Transportes	Total	13	655	29
			Transportes Terrestre	9	417	0
			Transportes Aquaviário e Aéreo	4	238	29
		Telecomunicações	Total	43	7.335	350
			Telecomunicações	43	7.335	350
		Informática	Total	796	120.227	12.780
			Informática	796	120.227	12.780
		Gestão	Total	1.458	226.152	25.952
			Administração e Negócios	503	76.179	7.782
			Contabilidade	865	142.019	16.943
			Secretariado	83	7.723	1.227
			Administração Pública	7	231	0
		Saúde	Total	703	82.016	18.529
			Saúde	703	82.016	18.529
		Comunicação	Total	56	5.182	552
			Editoração	6	1.402	160
			Publicidade e Comunicação	50	3.780	392

Unidade da Federação	Número de Cursos, Matrículas e Concluintes do 1º Semestre, segundo a Unidade da Federação e Áreas de Cursos				
	Áreas de Cursos			Cursos	Matrículas	Concluintes
Brasil	Artes		Total	136	13.871	265
			Atividades Culturais, Artesanais e Desportivas	136	13.871	265
	Desenvolvimento Social e Lazer		Total	20	5.128	2.049
			Educação	6	611	0
			Atividades Associativas	3	3.748	1.925
			Serviços Domésticos	11	769	124
	Imagem Pessoal		Total	18	542	168
			Serviços Pessoais	18	542	168
	Meio Ambiente		Total	23	3.182	227
			Lixo, Água e Esgoto	22	3.163	227
			Reciclagem	1	19	0
	Design		Total	54	5.762	874
			Design de Modas	15	1.278	163
			Design Técnico	39	4.484	711

Figura 40: Fonte: Censo da Educação Profissional de 1999 MEC/INEP.

Como pôde ser observado na tabela, os cursos com maior número de concluintes são de 23.110 da área da Indústria, 12.780 de Informática, 25.952 de Gestão, 18.529 da Saúde e 62.938 da área de Serviços. Comparando-se, em qualquer área, o número de matrículas e de concluintes, a diferença é sempre muito grande, indicando grande número de evadidos/desistentes da Educação Profissional.

Em 1996, a Rede Federal de Escolas Técnicas e Agrotécnicas oferecia cursos integrados com duração de quatro séries anuais, abrangendo as disciplinas de Educação Geral, Formação Técnica e Estágio Supervisionado em Empresa. Ao final da 3ª série, aos alunos matriculados até 1995, e da 4ª série, aos alunos matriculados a partir de 1996, era fornecido o Certificado de Conclusão do 2º Grau, possibilitando o prosseguimento de estudos de 3º Grau. Concluído o Estágio Supervisionado em empresa, na área da habilitação cursada, o aluno recebia o Diploma de Técnico em Nível de 2º Grau. A tabela abaixo apresenta o número de alunos da Escola Técnica Federal de São Paulo[33], que também apresenta a relação candidato/vaga obtida em cada curso para o ano de 1996:

NÚMERO DE ALUNOS E RELAÇÃO CANDIDATO-VAGA ETFSP 1996

	Matutino	Vespertino	Noturno	Total	Candidato/vaga
Mecânica	120	120	40	**280**	6
Edificações	80	80	40	**200**	9
Eletrotécnica	108	36	36	**180**	4
Eletrônica	36	36	36	**108**	22
Telecomunicações	36	36	–	**72**	12
Processamento de Dados	–	80	40	**120**	52
			Total	**960**	

Figura 41: Número de alunos ETFSP.

---

33 Hoje Instituto Federal de Educação, Ciência e Tecnologia de São Paulo.

O Curso Complementar tinha a duração de duas séries anuais, abrangendo as disciplinas de Formação Técnica e Estágio Supervisionado em Empresa na área da habilitação cursada. Concluídas as duas séries e o Estágio Supervisionado, o aluno recebia o Diploma de Técnico em Nível de 2º Grau. Anualmente eram oferecidas 240 vagas no período noturno, nas habilitações de Mecânica, Eletrotécnica, Edificações.

Em 1996, 318 alunos estavam matriculados nos cursos complementares, sendo 179 na primeira série e 139 na segunda série.

Uma pesquisa realizada pela Escola Técnica Federal de São Paulo-ETFSP, em 1998, mostrou que os indicadores socioeconômicos do curso regular tinham alunos entre os grupos A e B da escala social. Não apresentavam carência de moradia, quase 50% dos pais cursaram ou concluíram o terceiro grau, com grande concentração de renda familiar na faixa de 16 a 20 salários mínimos.

No curso complementar, os indicadores apontaram predominantemente para o grupo B, uma vez que não havia carência significativa de moradia entre os ingressos, a escolaridade dos pais flutua entre o primeiro grau incompleto e completo e a renda familiar, embora com grande descentralização entre faixas intermediárias, pode ser indicada numa média aproximada a dez salários mínimos. Ou seja, a população ingressa na ETFSP apresentava característica socioeconômica que, comparada aos resultados da PCV – pesquisa de condições de vida realizada pela Fundação SEADE em 1990, indicava uma concentração nos grupos A e B, onde se situavam respectivamente 20,5% e 37,2% das famílias da Grande São Paulo, em 1998.

O ingresso dos alunos aos cursos regulares e complementares se dava por exame vestibular. Este exame constava de uma prova de questões de múltipla escolha, versando sobre os conteúdos referentes ao grau de escolaridade exigido para cursar cada uma das modalidades.

Em 1993, a ETFSP realizou uma ampla pesquisa de egressos, dos cursos integrados, que indicou que não obstante 74% dos alunos da Escola concluiram o estágio e 57% trabalharam como técnico por algum tempo, porém somente uma pequena parte destes permaneceu trabalhando como técnico. A maioria dos egressos ingressou em cursos superiores, tanto em área tecnológica como em área não tecnológica. A situação relatada por essa pesquisa de 1993 foi realizada para uma escola que tinha aproximadamente quatro mil alunos, 223 técnico-administrativos e 324 docentes, sendo que destes últimos 82 possuíam diploma em curso superior, 11 tinham realizado cursos de aperfeiçoamento, 29 eram mestres e 4 eram doutores. Observa-se que a grande maioria dos alunos, cerca de 90 %, migrava para cursos superiores e poucos realmente exerciam a função de técnico de modo definitivo.

Havia uma enorme procura pela Escola, levando a uma disputa acirrada entre os candidatos, particularmente nos cursos regulares. Nesta disputa, os ingressos do sistema público de ensino de primeiro grau enfrentavam-se com aqueles que frequentaram as escolas particulares e, nesta "luta", há um ligeiro insucesso dos oriundos das escolas estaduais e municipais. Contrastando com a democratização ao acesso escolar, há a exclusão: pela formação no primeiro grau, pelo acesso aos cursos preparatórios, etc.

O estudo realizado aponta que estes dados, embora necessitando ser analisados envolvendo também outros indicadores, em especial a situação qualitativa da educação média no Brasil e no Estado de São Paulo, permitem uma visão do baixo atendimento às demandas sociais, após a Reforma da Educação implementada pelo decreto 2.208.

A educação profissional de nível básico foi ofertada em organização curricular modularizada, abrangendo duas vertentes: a primeira com cursos básicos de curta duração, em média de 40 horas, atendendo um total de 1.475 alunos no ano de 1998.

A oferta de Ensino Médio, a partir de 1998, apresenta a seguinte situação:

ENSINO MÉDIO		
ANO	SÉRIE	NÚMERO DE ALUNOS
1998	1ª SÉRIE	402
1999	1ª SÉRIE	408
1999	2ª SÉRIE	344

FIGURA 42: Número de alunos Ensino Médio.

CURSOS TÉCNICOS MODULARES		
ANO	MÓDULO	NÚMERO DE ALUNOS
1998	I	160
1999	I	480
1999	II	114

FIGURA 43: Número de alunos Técnico Modular.

Como podemos observar, houve aumento real do número de vagas para a educação profissional modular.

Segundo relatório do Fórum de Diretores de Ensino – CONCEFET[34] realizado em 2003, o Ensino Médio oferecido de forma independente do Ensino Técnico, com articulação entre as duas modalidades, apresentou, de forma positiva, oferta de componentes curriculares que puderam ter aproveitamento nos cursos técnicos, pelo ingresso comum às duas modalidades e desenvolvimento de projetos interdisciplinares entre as áreas de formação geral e técnica, etc. Os resultados gerais, no entanto, demonstraram que essa forma de articulação mostrou-se ineficiente, tendo em vista a desmotivação dos alunos para com a formação de nível técnico, a sobrecarga de atividades e da sua distribuição em dois turnos, a dificuldades de ordem metodológica e de operacionalização e de resistências ao novo sistema.

---

[34] Conselho de Diretores dos Centros Federais de Educação Tecnológica.

O cenário da década de 1990 demonstrou modelos híbridos de currículo, aparentemente formatados em áreas técnicas, mas apenas com uma roupagem metodológica de projetos, eixos temáticos e outras propostas, pois, via de regra, mantinham a organização tradicional com disciplinas, notas, etc. Registraram-se, em poucos casos, propostas mais próximas da formação por competências, conforme propõem as diretrizes e parâmetros curriculares para esse nível de ensino. Não houve movimento específico, em tempo hábil, por parte do MEC, para que as escolas da rede federal pudessem se preparar, contar com professores motivados e capacitados, equipamentos, salas ambientes e outros recursos necessários para a efetivação de uma mudança paradigmática em termos do currículo do Ensino Médio. Por outro lado, existem dificuldades em se trabalhar com modelos alternativos, face à manutenção das exigências conteudistas nos processos de ingresso para os vestibulares, concursos, etc.

Em conformidade com as propostas do Banco Mundial, a educação profissional no governo FHC apresentou um discurso ideológico de valorização humana do trabalhador, com defesa da educação básica para a formação do cidadão e de um trabalhador polivalente, flexível, com capacidade de abstração e decisão (FRIGOTTO, 1995: 100), para atuar no novo padrão produtivo, altamente integrado, com processos de produção que trabalham com representação do real e não com o real (SALERNO, 1992), simulando problemas que exigem decisões rápidas. As palavras "de ordem" da educação profissional neoliberal são: Formação Abstrata, Policognição e Qualificação flexível e polivalente. Estes conceitos remetem a um trabalhador que domine os fundamentos científico-intelectuais implícitos nas técnicas de produção, que compreenda todo o processo de produção, tanto em relação à operação das máquinas como à organização do trabalho e se caracterize ainda por colocar todo o seu potencial a serviço da empresa (PINTO, 1992).

São muito oportunas as palavras de Antunes (2003: 22-23):

> *[...] a partir dos anos 90, com a intensificação do processo de reestruturação produtiva do capital no Brasil, sob a condução política em conformidade com o ideário e a pragmática definidas no Consenso de Washington e aqui seguidas pelos governos Collor e FHC, presenciamos várias transformações, configurando uma realidade que comporta tanto elementos de continuidade como de descontinuidade em relação às fases anteriores. O que permite supor que no estágio atual do capitalismo brasileiro combinam-se processos de enorme enxugamento da força de trabalho, acrescido às mutações sócio-tecnicas no processo produtivo e na organização social do trabalho. A flexibilização, a desregulamentação, a terceirização, as novas formas de gestão da força de trabalho etc. estão presentes em grande intensidade, indicando que se o fordismo parece ainda dominante quando se olha o conjunto da estrutura produtiva industrial e de serviços no país, ele também mescla-se com novos processos produtivos, consequência da liofilização organizacional, dos mecanismos da acumulação flexível e das práticas toyotistas que foram (parcialmente) assimiladas no setor produtivo brasileiro.*

Os organismos internacionais, baseando-se nas novas exigências do mercado e da produção flexível, trazem para a educação profissional um novo conceito associado à empregabilidade, o conceito de competência. Os novos cursos formatados no Brasil pós LDB/9.394/96 e pós decreto 2.208/97 e, na Argentina, pós criação do CONET e do INET (1995) não partem de objetivos a serem alcançados como nos currículos tradicionais, mas a partir de um perfil preexistente no mercado de trabalho. Para alcançar e/ou moldar este perfil o aluno deve receber bases científicas, tecnológicas e técnicas necessárias para atingir ou adquirir as competências e habilidades que caracterizam aquele perfil. São definições importantes:

- **Funções:** Conjunto homogêneo de Atividades que integram uma etapa do processo produtivo.
- **Subfunções:** Resultado da decomposição das funções em diferentes níveis.
- **Habilidades:** Saberes apropriados que geram um saber fazer que não é produto de uma instrução mecanicista, mas de uma construção mental que pode incorporar novos saberes.
- **Competências:** Operações mentais cognitivas, sócio-afetivas ou psicomotoras que devem ser construídas.
- **Bases:** Conhecimentos necessários para a construção das competências.

Por exemplo, um curso da área de Comunicação pode apresentar como competências a serem adquiridas pelos alunos: pesquisar, identificar ou selecionar elementos significativos ou definidores da identidade do objeto da criação e de seu contexto, a serem evidenciados ou expressos no projeto de comunicação visual ou gráfica e/ou infográfica. Como habilidades ficariam definidas utilizar fluentemente ferramentas de computação gráfica. Em consequência, a matriz curricular (e não mais a grade do curso) deveria apresentar como bases tecnológicas: fundamentos e princípios de semiologia e semiotécnica; elementos e fontes/acervos de iconografia.

Ou seja, segundo os Referenciais Curriculares para a Educação Profissional (MEC/SEMTEC) os novos cursos devem apresentar foco nas competências a serem desenvolvidas e nos saberes (saber, saber fazer e saber ser) a serem construídos. O currículo como conjunto integrado e articulado de situações-meio, pedagogicamente concebidas e organizadas, para promover aprendizagens profissionais significativas. Será alvo de controle oficial a geração das competências profissionais gerais.

As competências e habilidades vão definir a possibilidade do trabalhador de ocupar um posto de trabalho. Autores como Manfredi (1998), Tanguy (1997), Oliveira (2003) colocam que o conceito de competência está sempre associado a estratégias concretas definidas pelo mercado. Trata-se de uma estratégia eminentemente restritiva que tira do trabalhador a sua autonomia como construtor do próprio conhecimento e tem como intenção "um processo de ressocialização e aculturação da classe trabalhadora" (MANFREDI, 1998: 39). Naturalmente reconhecemos que existem competências e habilidades inerentes a um perfil profissional. No entanto, o trabalhador, enquanto indivíduo e ser social, é muito mais do que um mero conjunto de competências. Para Gardner (2000), por exemplo, o desempenho de um indivíduo se dá conforme as diferentes inteligências que possua (espectro de inteligências múltiplas: lógico-matemática, linguístico-verbal, espacial, musical, corporal-cinestésica, interpessoal, intrapessoal, naturalística e muitas outras) e não conforme as habilidades que adquiriu. Em resumo, os cursos nas áreas profissionais, enquanto educação, não podem sujeitar-se apenas a um modelo restritivo de formação como este.

QUADRO GERAL COMPARATIVO BRASIL-
-ARGENTINA NO PERÍODO DE 1985 A 2000

1983-1989	CARACTERÍSTICAS GERAIS	POLÍTICAS	EDUCAÇÃO
ARGENTINA	• Transição para a democracia. • Neoliberalismo. • Regras do FMI. • Aumento da pobreza.	• Grave crise econômica. • Juros 80% ao mês.	• Bons índices numéricos, mas com altas taxas de analfabetismo, evasão e reprovações. • Reativação dos sindicatos de professores e retorno de docentes expulsos pelo regime militar. • Conselhos escolares. • Sistema colegiado de direção. • Incremento de vagas, mas escola com infraestrutura ruim. • Movimentos pela educação. • Início do processo de descentralização da educação.
BRASIL	• Transição para a democracia. • Medidas populares e democráticas. • Direito de reinvidicar. • FMI.	• Crescimento das exportações. • Suspensão da dívida externa. • Nova política industrial. • Nova constituição.	• Recursos vinculados para educação.

1990-1999	CARACTERÍSTICAS GERAIS	POLÍTICAS	EDUCAÇÃO
ARGENTINA	• Política neoliberal. • Obediência ao FMI.	• Êxito econômico. • Aumento da dívida externa e da pobreza.	• CONSEJO FEDERAL DE EDUCACIÓN – Transferência da educação para o setor privado. • Analfabetismo, evasão e repetência. Descentralização das escolas, MEC paga infraestrutura e capacitação docente. • Ley Federal de Educación 24.195/93. • As atribuições da nação, das províncias e da cidade de Buenos Aires. • O papel do Conselho Federal de Cultura e Educação como órgão de coordenação e organização do sistema nacional. • Normas relativas ao financiamento da educação do país, tentando assegurar a provisão dos fundos necessários para um serviço educativo de qualidade. • Introdução de temas inéditos, como de avaliação permanente do sistema educativo. • Educação Profissional – escola de regime especial. • Interpretações diferentes nas várias províncias. • Fechamento das escolas secundárias antes de implementar o Terceiro Ciclo* e o Polimodal** e diminuição de vagas nos cursos secundários. • Dissolução dos cursos técnicos sem que oferecesse uma nova modalidade. • Transferência de professores para outras áreas de conhecimento sem capacitação anterior.

1990-1999	CARACTE-RÍSTICAS GERAIS	POLÍTICAS	EDUCAÇÃO
BRASIL	• Política neoliberal. • Obediência ao FMI.	• Política industrial com visão estruturalista. • Congelamento de preços e salários. • Queda da inflação. • Explosão do consumo. • Nova moeda – Real. • Privatizações. • PPA-96 – 12 BILHÕES DE REAIS PARA A EDUCAÇÃO. • Principais áreas de investimento do PPA 96-99: Energia; Telecomunicações; Ciência e Tecnologia; Educação; Agrícola; Redução dos desequilíbrios espaciais e Desenvolvimento Social.	Alocação de recursos de 12 bilhões, com prioridade para a educação básica. Verbas do FNDE para o ensino fundamental. LDB 9.394/96, que dividiu a educação escolar em dois níveis: I – educação básica, formada pela educação infantil, ensino fundamental e ensino médio; II – educação superior. Decreto 2.208/97. PLANO DE DESENVOLVIMENTO DA EDUCAÇÃO. • Subsídios do estado a escolas privadas; Escolas comunitárias e escolas organizadas por centros; Escolas cooperativas; – adoção de escolas públicas por empresas. • ONGs.

* Equivalente ao Fundamental II, mais Primeiro e Segundo Ano do Ensino Médio.
** Terceiro e Quarto Ano do Ensino Médio.

Figura 44: SÍNTESE 1985-2000.

Capítulo 4

O SÉCULO XXI E A EDUCAÇÃO PROFISSIONAL

O século XXI inicia-se com a educação dos dois países ainda apresentando os mesmos problemas crônicos de falta de qualidade, carência de professores com formação adequada e altos índices de reprovação, evasão e analfabetismo.

Dados do Banco Mundial[35] de 2003 dizem que a Argentina, com uma população de 36,2 milhões de pessoas, apresenta os melhores índices na educação latino-americana. Por exemplo, no grupo de pessoas com 25 anos, enquanto na Argentina as pessoas têm 8,5 anos de estudo e 75% da população com nível secundário, no resto da América Latina este índice é de 5,9, na Europa Central e Leste é de 8,4 e no leste da Ásia de 7,6. No entanto, hoje, apesar dos bons índices numéricos, a escola pública argentina também enfrenta a deterioração da qualidade de ensino e a evasão escolar. A seguir uma tabela comparativa Brasil/Argentina com modalidades, índices totais e porcentagens dos sistemas educacionais:

---

[35] The World Bank, "Education and Skills in Argentina", Latin America and the Caribbean Regional Office, 2003.

INDICADORES ESTATÍSTICOS DA EDUCAÇÃO

INDICADORES	ARGENTINA		BRASIL	
População Total	38.970.608		187.227.792	
Taxa Analfabetismo	–	2,60 %	10,4	10,40%
Assistência Escolar	–	73,20 %	70.0	70,00%
Matrícula Total	12.764.901	32,76 %	59.515.887	31,79%
Pré-Escola Nível 0	1.342.505	3,44 %	5.588.153	2,98%
Ensino Fundamental Nível 1	4.815.362	12,36 %	18.338.600	9,79%
Ensino Fundamental Nível 2	2.465.182	6,33%	14.944.063	7,98%
Ensino Médio/ Polimodal Nível 3	1.501.192	3,85%	9.651.510	5,15%
Superior/Educação Profissional Nível 5	2.137.304	5,48%	4.676.646	2,50%
Unidades Educativas (G)	62.253	–	292.792	–
Pessoal Docente	732.819	–	3.251.790	–

Figura 45: Indicadores Estatísticos da Educação. Fonte: MERCOSUL, 2006.

Com exceção da taxa de analfabetismo, muito maior no Brasil, e da Educação Superior, os índices brasileiros são próximos aos argentinos, por vezes com percentuais até melhores, como os referentes ao Ensino fundamental 2 e Ensino Médio.

A seguir, a Figura 45 mostra as semelhanças entre o gasto público com a educação Brasil/Argentina:

PORCENTAGEM DO PIB/GASTOS COM EDUCAÇÃO

PAÍSES	GASTO PÚBLICO	GASTO PRIVADO	SUBSÍDIOS PÚBLICOS	GASTO TOTAL
ARGENTINA	4,6	0,6	0,9	5,5
BRASIL	4,5	–	–	4,5

Figura 46: Porcentagens do PIB Gastos na Educação em 2006. Fonte: MERCOSUL, 2006.

O século XXI encontra o povo argentino profundamente desiludido com o desempenho dos partidos políticos do país, acusados de não cumprirem com os objetivos democráticos que apregoavam, tanto os partidos considerados de esquerda ou centro-esquerda, como os de direita. Em 2001, houve a renúncia do presidente De La Rúa, pertencente ao Partido Justicialista, e é nomeado em seu lugar Adolfo Rodriguez Saa, representando uma coalizão de pequenas províncias e governador de San Luis, com a missão de convocar eleições presidenciais em três meses. No entanto, este somente permanece uma semana no cargo, e uma nova coalizão, desta vez empreendida pelos dirigentes justicialistas da província de Buenos Aires, leva ao poder Eduardo Duhalde para completar o período de dois anos que De La Rúa deixara de cumprir. As eleições presidenciais de 2003 acontecem em meio a uma crise interna no Partido Justicialista, dividido em dois segmentos, um de apoio a Menem e outro, encabeçado por Duhalde, que após várias indicações fracassadas, apoia Néstor Kirchner, governador da Patagônia. Acabam saindo candidatos três peronistas, Kirchner, Menem e Rodriguez Saa, contra dois candidatos não peronistas, López Murphy e Carrió. Para o segundo turno qualificam-se Kirchner e Menem. Percebendo que iria perder, Menem retira sua candidatura e Nestor Kirchner é eleito presidente. O país passava por uma moratória e uma das primeiras medidas do novo governo foi a desvalorização do peso e a implementação de uma política de superávit primário para aumentar as reservas internacionais. Em consequência, o governo de centro-esquerda teve alavancadas as exportações e o PIB cresceu cerca de 9% ao ano (FLORIA E BELSUNCE, 1992)

No Brasil, em 2002, é eleito presidente Luiz Inácio "Lula" da Silva, um dos fundadores do Partido dos Trabalhadores, que já havia sido candidato em 1989, 1994 e 1998. É enorme a repercussão internacional. A manchete do jornal *Folha de S. Paulo*, de 28/10/2002, cita o jornal argentino *Clarín*, que coloca a eleição de Lula, ferramenteiro e sindicalista, como um basta ao discurso neoliberal, e um apoio importante para negociar a ALCA (Área de Livre-Comércio das Américas) com os Estados Unidos. O impacto da vitória de Lula foi imenso.

> *A primeira equipe de Lula caracterizou-se por ser eminentemente petista, cabendo aos partidos aliados cargos de segundo escalão. A economia tem sido conduzida numa linha muito semelhante à de FHC: "aperto fiscal, política monetária austera, acordos com o FMI, preocupação primeira com a estabilidade e com a credibilidade internacional.* (COUTO e BAIA, 2004: 239)

No entanto, apesar das semelhanças, há importantes diferenças entre eles. Por exemplo, nos oito anos de gestão de FHC, os salários reais dos trabalhadores caíram, a produtividade aumentou e os lucros dos maiores grupos econômicos nacionais e estrangeiros cresceram.

Em contraponto, Lula, no PPA 2000-2003 adotou um novo conceito de programa, "segundo o qual as ações e os recursos do governo são organizados de acordo com objetivos a serem atingidos" (MATOS, 2002: 99). O plano, intitulado AVANÇA BRASIL, compunha-se de 365 programas e tinha por objetivos a produção de bens e serviços para a população e uma mudança do antigo modelo burocrático para uma nova cultura gerencial.

A seguir, os programas considerados estratégicos pelo PPA 2000-2003, vários deles dedicados à educação:

PROGRAMAS ESTRATÉGICOS PPA 2000-2003

PROGRAMAS	RECURSOS EM 2001 (R$ MILHÕES)
1. Toda criança na escola	4.479,3
2. Escola de Qualidade para todos	68,1
3. Desenvolvimento do Ensino Médio	567,5

	PROGRAMAS	RECURSOS EM 2001 (R$ MILHÕES)
	Desenvolvimento da Educação Profissional	689,8
4.	Educação de Jovens e Adultos	303,2
5.	Saúde da Família e da Criança	2.785,2
6.	Valorização do Idosos e da Pessoa Portadora de Deficiência	4.416,5
7.	Esporte Solidário	221,7
8.	Erradicação do Trabalho Infantil	300,7
9.	Saneamento Básico	1.853,3
10.	Saneamento é vida	965,5
11.	Morar Melhor	898,0
12.	Nosso Bairro	799,1
13.	Carta de Crédito	4.290,0
14.	Desenvolvimento de Micro, Pequenas e Médias Empresas	11.950,5
15.	Qualificação Profissional do Trabalhador	619,3
16.	Agricultura Familiar – PRONAF	3.861,5
17.	Reforma Agrária	1.118,3
18.	Energia para as populações rurais	1.046,2
19.	Desenvolvimento da infraestrutura turística no Nordeste – PRODETUR II	488,2
20.	Monumental – preservação do patrimônio histórico	32,7
21.	Segurança e qualidade de alimentos	30,3

Figura 47: Programas Estratégicos PPA 2000.

Verificou-se, em relação ao cumprimento das metas do PPA 2000-2003, que houve problemas em relação à descontinuidade no fluxo de recursos, dificuldades de articulação entre órgãos com ações complementares, insuficiência de pessoal qualificado e de infraestrutura adequada. No entanto, de maneira geral, apresentou bons resultados, como pode ser observado na Figura 48:

PROGRAMAS	RESULTADOS	REALIZAÇÃO FÍSICA
Dentro/acima previsto	74,4%	69,4%
Abaixo/muito abaixo previsto	23,3%	30,6%
Não apresentou resultados	2%	–

FIGURA 48: Programas Realizados. Fonte: BRASIL (2002).

Houve recessão em 2003, mas no final desse ano a economia já apresentava indícios de recuperação, embora com taxas modestas. Segundo o IBGE, nesse ano, a taxa de desemprego era de 12% nas regiões metropolitanas, tendo atingido 13,1% em 2004, apesar das promessas do governo Lula de priorizar a geração de empregos.

Em 2003, o orçamento do MEC para os programas Educação Profissional e Ensino Médio foram discrepantes, pois o orçamento da educação profissional foi várias vezes o do ensino médio, sem resultados significativos para a grande massa da população de 14 a 18 anos, que constitui, até hoje, uma faixa da população à margem da sociedade, fora da escola e fora do trabalho.

COMPARAÇÃO ENTRE ORÇAMENTOS DO ENSINO MÉDIO E DA EDUCAÇÃO PROFISSIONAL

DESENVOLVIMENTO DA EDUCAÇÃO PROFISSIONAL	716.261.900
DESENVOLVIMENTO DO ENSINO MÉDIO	145.937.897

Figura 49: Orçamento MEC 2003.

O Censo Escolar de 2004 indicou que havia 674 mil alunos na educação profissional de nível médio, mais da metade em instituições privadas e 9,2 milhões de alunos no Ensino Médio. O SENAI tinha apenas 45 mil alunos em vários programas (SCHARTZMAN, 2005). Ou seja, o nicho da educação profissional era pequeno, embora se fizessem bons investimentos em sua direção. Além disso, as instituições federais para a educação profissional, respeitadas pelo setor produtivo, têm uma característica peculiar de oferecer cursos mais acadêmicos e estavam no período migrando aceleradamente para cursos superiores de tecnologia, mais do agrado da população. Por região, em porcentagens, pode-se observar, na Figura 50 que apenas a região Centro-Oeste recebe verbas maiores para a educação geral:

ORÇAMENTOS DA EDUCAÇÃO POR REGIÃO

REGIÃO	EDUCAÇÃO GERAL	EDUCAÇÃO PROFISSIONAL
NORTE	5,2	11,4
NORDESTE	16,9	32,0
SUDESTE	23,3	27,2
SUL	12,0	12,5
CENTRO-OESTE	42,5	16,9

Figura 50: Fonte: MEC/Inep. *Gastos Públicos em Educação*. Elaboração: DIEESE. Obs.: Distribuição da despesa entre as regiões, ou seja, soma 100% para o total da educação e 100% para a educação profissional.

Na Argentina, Nestor Kirchner, em continuação às políticas neoliberais anteriores, promete "rever as privatizações do governo Menem, além de negociar novo prazo e desconto para a dívida externa" (MELO, 2008: 13). Por meio de um estilo bastante usado por Perón, consegue apresentar-se ao povo argentino como um homem comum, não contaminado pela prática política, o que não era verdadeiro, pois já havia sido governador de Santa Cruz e tinha apoiado integralmente Menem e seu ministro da Economia, Domingo Cavallo. Seu novo gabinete mantém políticos da gestão anterior, ao lado de figuras em evidência em vários setores da sociedade argentina, mas sem lastro político agregado.

Na economia destaca-se a interrupção dos pagamentos da dívida externa, fato que permitiu gerar poupança fiscal. O encarecimento das importações e o barateamento dos custos internos permitiram a reativação e a reposição de indústrias extintas nos anos 90. O superávit comercial gerado pelo aumento das exportações, o contexto internacional favorável e o câmbio flexível impulsionaram positivamente a economia depois de 2002. Kirchner pessoalmente realizou a condução das questões econômicas, usando um estilo neokeynesiano[36] e personalista (BONVECCHI, 2004).

A interferência do Banco Mundial na economia argentina foi intensa a partir de 2004, sendo que no período 2006-2008 foi instituída a Estratégia de Assistência do Banco Mundial para a Argentina para a estabilidade macroeconômica.

Na educação, os estudos do BID mostraram que, embora o sistema educativo aparentasse bases sólidas, havia muita variação nos indicadores entre províncias, mesmo entre regiões com semelhança de condições socioeconômicas. A qualidade do ensino deixava a desejar e havia altos índices de evasão e repetência.

> *De 2000 a 2004, quando a forte crise econômica atravessada pelo país empobreceu grande parte da população, houve um aumento de 38% no número de jovens entre 15 e 24 anos sem trabalho e sem frequência na escola. A crise econômica produziu na Argentina a figura do jovem inativo, um fenômeno já conhecido no Brasil.* (MELO, 2008: 11)

Kirchner pretendia apresentar uma nova proposta de lei geral da educação. Em 2005, aprovou a Ley de Educación Técnico Profesional (Lei nº 26.058/05), que tinha como objetivo recuperar a educação profissional, revitalizar o ensino em pelo menos 1.200 escolas técnicas, garantindo o federalismo nas políticas educacionais e atendendo ao mercado. Esta lei regulamentou a educação técnico-profissional de nível médio e superior não universitário e a formação profissional. Para a sua

---

36 Intervencionista.

formulação foram levadas em conta as legislações provinciais e nacional, e ainda outras internacionais, como a da Espanha, da Itália, do Brasil, da Colômbia, do Chile. Segundo documentos de avaliação interna do INET/MEC, de dezembro de 2008, os grandes problemas da educação profissional argentina nesta década foram:

a) Diluição da especificidade da educação técnico--profissional, em particular da formação de técnicos no nível secundário.
b) Ausência de políticas e critérios que deem sentido de unidade federal ao governo e gestão das instituições da educação técnico-profissional que permitam resolver a fragmentação e segmentação no interior da modalidade.
c) Coexistência de multiplicidade de concepções e variantes institucionais e curriculares.
d) Resultados desalentadores vinculados à qualidade da formação.
e) Ausência de resguardo legal de caráter profissional dos títulos técnicos.

A educação técnico-profissional argentina apresenta hoje os seguintes números:

INSTITUIÇÕES DA EDUCAÇÃO TÉCNICO-PROFISSIONAL

Instituições de educação técnico-profissional de nível secundário	1.497
Instituições de educação técnico-profissional de nível superior	1.217
Centros de Formação Profissional	1.124
Instituições com programas de educação técnico-profissional	382
TOTAL	**4.220**

Figura 51: Instituições da Educação Profissional.

Segundo Melo, 2008, a nova legislação sofreu pesadas críticas da oposição em virtude da curta duração dos cursos, dois mil planos de estudos dispersos, elaborados pelo Ministério da Educação e pelo baixo investimento financeiro previsto (duzentos e cinquenta milhões de pesos). As escolas técnicas não são citadas pela Lei 26.058/2005, que "remete à vinculação entre instituições educativas e as empresas e estabelece modos de subordinação do sistema educativo à produção de mercadorias" (op. cit.: 15)

A Argentina figura como o país que mais recursos destina à educação na América Latina. Com a descentralização da educação, o financiamento do ensino médio depende do compartilhamento de responsabilidades e de recursos públicos decididos entre os diferentes níveis de governo. As Leis nº 26.075 e nº 26.206, de 2005, determinam que a alocação de recursos não pode ser inferior a 6% do produto interno bruto do orçamento consolidado dos governos central e subnacionais. As leis destinam, ainda, a alocação de recursos compartilhados destinados às províncias e à Cidade de Buenos Aires, por um prazo de cinco anos.(MERCOSUL, 2008: 144)

Em 2006, é finalmente lançado um anteprojeto da Ley de Educación Nacional, após duros debates contra os estudos preliminares que o precederam, aprovado em dezembro do mesmo ano como a nova Ley de Educación de La Argentina, Ley nº 26.206/2006, unificando o sistema educativo argentino e estabelecendo a obrigatoriedade escolar de cinco anos até a finalização da educação secundária.

ESTRUTURA DO SISTEMA NACIONAL ARGENTINO PÓS-2006

NÍVEIS	DESTINAÇÃO	OFERTA	MODALIDADES
EDUCAÇÃO INICIAL	Crianças de 45 dias a 5 anos	Último ano obrigatório	• Educação técnico profissional
EDUCAÇÃO PRIMÁRIA	Crianças a partir de 6 anos	Obrigatória	• Educação artística • Educação especial

NÍVEIS	DESTINAÇÃO	OFERTA	MODALIDADES
EDUCAÇÃO SECUNDÁRIA	Adolescentes e jovens que tenham concluído o nível de educação primária	Obrigatória	• Educação permanente de jovens e adultos • Educação rural
EDUCAÇÃO SUPERIOR	Jovens que tenham concluído a educação secundária	Não obrigatória	• Educação intercultural bilíngue • Educação em contextos de privação de liberdade • Educação domiciliar e hospitalar.

Figura 52: *Educação Argentina Hoje.*
Fonte: reproduzido de MELO, 2008: 17.

Abaixo, uma relação da quantidade e dos tipos de escolas para a educação profissional até 2008 (em números absolutos e porcentagens):

TIPO DE ESTABELECIMENTO	INGRESSO NA BASE DE DADOS DO REGISTRO FEDERAL DE INSTITUIÇÕES DE ETP (RFIETP) EM 30/09/2008					
	INGRESSADOS		NÃO INGRESSADOS		TOTAL	
	n	%	n	%	n	%
Educação Técnica – nível secundário	1.419	94,8	78	5,2	1.497	35,5
Educação Técnica – nível superior	608	50,0	609	50,0	1.217	28,8
Centros de formação profissional	919	81,8	205	18,2	1.124	26,6
Instituições com programas de educação técnico-profissional	382	100	–	–	382	9,1
Total	3.328	78,9	892	21,1	4.220	100

Figura 53: Escolas – Educação Profissional.
Fonte: RFIETP, INET – Ministério da Educação.

O nível secundário representa 25,1% das instituições educativas deste nível no total do país; 25% dos alunos matriculados estão cursando planos de estudo de ETP, com um total de 1.763 estabelecimentos com 385.830 alunos matriculados.

O gráfico a seguir mostra a distribuição porcentual das unidades educativas de nível secundário de ETP em relação ao total de unidades educativas de nível secundário.

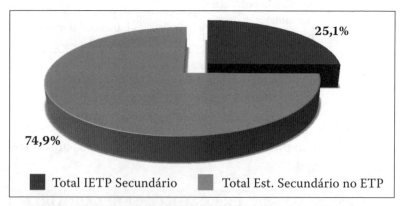

Figura 54: Distribuição Percentual – unidades educativas ETP.
Fonte: RFIETP, INET – Ministério de Educação.

Por estes dados, percebe-se que a grande maioria das escolas de nível secundário (74,9%) oferece também educação profissional. Isto acontece em virtude da presença da modalidade polimodal que não habilita como técnico, mas oferece itinerários formativos para o mundo do trabalho.

Já a figura 55 mostra a distribuição percentual dos alunos matriculados no nível secundário de ETP em relação ao total de matriculados no nível secundário em 2007:

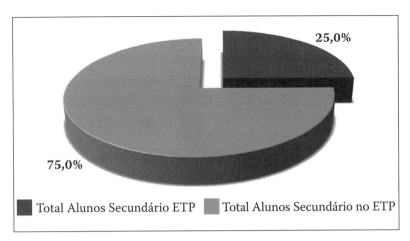

Figura 55: Relação de Matriculados ETP e Geral.
Fonte: RFIETP, INET – Ministério de Educação.

Observe-se na figura a seguir os dados do Brasil em relação a número de alunos matriculados no Ensino Médio e na Educação Profissional. A Educação Profissional representa uma fatia pequena do número de alunos:

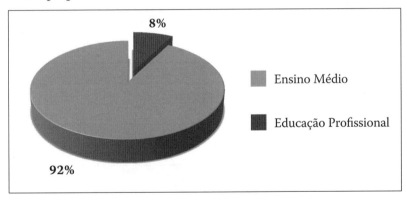

Figura 56: Relação de Matrículas no Ensino Médio/Educação Profissional[37].

A Figura 56 apresenta as porcentagens de matrículas atuais no Ensino Médio Normal e no Ensino Médio Integrado:

---

37 Fonte: Censo da Educação Profissional 2007. INEP/MEC.

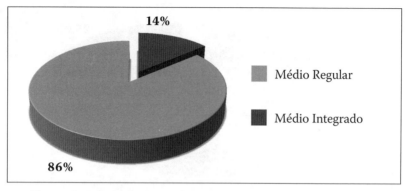

Figura 57: Relação de Matrículas no Ensino Médio/Médio Integrado.

A seguir, apresento a estrutura dos planos de estudos segundo a divisão político-territorial em 2007:

DIVISIÓN POLÍTICO-TERRITORIAL	EGB3 + Polimodal	EGB3 + Ciclo Superior	EGB3 + Ciclo Básico Técnico + Ciclo Superior	Media: Ciclo Básico + Ciclo Superior	Media: Organización No Ciclada
Buenos Aires	x			x	
Catamarca	x				
Chaco	x			x	
Chubut	x				
CABA				x	x
Córdoba	x			x	
Corrientes	x	x	x	x	
Entre Ríos	x	x	x		
Formosa	x			x	
Jujuy	x			x	x
La Pampa	x				
La Rioja	x				
Mendoza	x				
Misiones	x				

DIVISIÓN POLÍTICO-TERRITORIAL	ESTRUCTURA DEL PLAN DE ESTUDIO					
	EGB3 + Polimodal	EGB3 + Ciclo Superior	EGB3 + Ciclo Básico Técnico + Ciclo Superior	Media: Ciclo Básico + Ciclo Superior	Media: Organización No Ciclada
Neuquén				x	
Río Negro				x	
Salta	x			x	
San Juan	x				
San Luis	x			x	
Santa Cruz			x		
Santa Fe	x		x		
Santiago del Estero	x				
Tierra del Fuego	x				
Tucumán	x				

Figura 58: Estrutura dos planos de estudos segundo a divisão político--territorial em 2007: Fonte: RFIETP, INET – Ministério de Educação.

Durante o ano de 2008, as instituições de ETP do nível secundário apresentaram ao Registro Federal das Instituições de ETP 2.019 títulos técnicos. Perto de 20% são de eletromecânica, 16,7% de agropecuária, 15,5% da construção, 9,3% da informática, 9,1% de química/biologia, 8,4% de economia/gestão, e 8,1% de eletrônica/mecatrônica. O resto dos planos, com uma proporção menor a 3,4%, corresponde às especialidades: materiais/metalomecânica (mecânica, eletricidade automotriz); turismo-gastronomia (hotelaria, aeronáutica, desenho); comunicação (artes gráficas); saúde; meio ambiente (mineração, indústria têxtil, madeira-móveis); naval e pesca. A maioria dos planos técnicos apresentados tem uma duração de seis anos do estudo (71,3%), sendo que 11,6% têm a duração de sete anos.

Já no Brasil, fazendo parte de seu programa de governo divulgado durante o período eleitoral e pressionado principalmente por seus compromissos com sindicatos da área da indústria, o presidente Lula revogou a proibição de união do currículo do Ensino Médio e da educação profissional, por meio do decreto 5.154/2004, que diz:

> *Art. 1º. A educação profissional, prevista no art. 39 da Lei no 9.394, de 20 de dezembro de 1996 (Lei de Diretrizes e Bases da Educação Nacional), observadas as diretrizes curriculares nacionais definidas pelo Conselho Nacional de Educação, será desenvolvida por meio de cursos e programas de:*
> *I – formação inicial e continuada de trabalhadores;*
> *II – educação profissional técnica de nível médio; e*
> *III – educação profissional tecnológica de graduação e de pós-graduação.*
> *§ 1º. A articulação entre a educação profissional técnica de nível médio e o ensino médio dar-se-á de forma:*
> *I – integrada, oferecida somente a quem já tenha concluído o ensino fundamental, sendo o curso planejado de modo a conduzir o aluno à habilitação profissional técnica de nível médio, na mesma instituição de ensino, contando com matrícula única para cada aluno;*
> *II – concomitante, oferecida somente a quem já tenha concluído o ensino fundamental ou esteja cursando o ensino médio, na qual a complementaridade entre a educação profissional técnica de nível médio e o ensino médio pressupõe a existência de matrículas distintas para cada curso [...]*

O decreto 5.154 não apresenta um novo paradigma para a educação, apenas atende a reivindicações de classes e grupos sociais. Novamente está sendo muito difícil para as escolas estaduais e particulares adequarem-se à modalidade de ensino integrada, por falta de recursos, pois a educação profissional é muito cara para cursos em algumas áreas como indústria e informática e não existe ainda um Fundo Especial da União para apoio financeiro a estes cursos. Essa dificuldade de implantação de um modelo universal já acontecera em 1971, com a Lei 5.692.

O novo Decreto, embora admita a integração da educação profissional ao ensino médio, deixa livre às redes e sistemas de ensino a sua real efetivação. Apenas parte da Rede Federal aderiu à proposta e quase não existem exemplos nas redes estaduais. É difícil romper os paradigmas criados pelo Decreto n° 2.208, há resistência por parte dos professores com tantas mudanças em curtos espaços de tempo, a população brasileira não reconhece a validade e relevância dos cursos técnicos para a formação dos brasileiros e continua a considerar o Ensino Médio uma etapa do percurso para a universidade, não aceitando também a extensão dos cursos integrados de três para quatro anos de duração, e, como já foi dito anteriormente, há problemas de financiamento na implantação e manutenção desses cursos, longos e custosos, com instalações especiais e laboratórios adequados. Os cursos de Formação Inicial de Trabalhadores (FIC) estão atrelados ao Ministério do Trabalho e não ao Ministério da Educação, tornando difícil e complicada a articulação com a Formação Técnica.

Segundo Melo (2008: 7):

> *"[...] pode-se afirmar que a nova regulamentação, embora admita o ensino integrado, não rompe com a institucionalidade construída na reforma anterior, [...]*

A Figura 59 apresenta uma relação entre o ensino regular e o ensino técnico:

ENSINO TÉCNICO E ENSINO REGULAR

NATUREZA	ENSINO REGULAR LDBEN/96	ENSINO TÉCNICO Decreto 2.208 e PROEP	ENSINO TÉCNICO Decreto 5.154/04 e PROEP
Vinculação	MEC	\multicolumn{2}{c}{MEC e TEM}	
Princípio orientador	Equidade social	\multicolumn{2}{c}{Empregabilidade}	
Responsabilidade	União, Estados e Municípios	Não definida. Documentos como o PDRE e Manual de Instruções do PROEP apontam à redução da responsabilidade da União para com a manutenção do ensino profissional	Não definida. Documentos como o PDRE e Manual de Instruções do PROEP apontam à redução da responsabilidade da União para com a manutenção do ensino profissional
Instituições	Públicas, privadas com e sem fins lucrativos	Públicas, privadas comunitárias, de representação sindical, empresas	Públicas, privadas comunitárias, de representação sindical, empresas
Financiamento	Público ou privado	Recursos provenientes de diversas fontes	Recursos provenientes de diversas fontes
Organização	Ciclos, séries ou etapas	Organização curricular por módulos: possibilidade de saídas intermediárias	Organização curricular por módulos: possibilidade de saídas intermediárias
Títulos	Certificados	Certificados	Certificação gradativa: evolução dentro de itinerários formativos específicos.
Currículos	Formação geral definida pelo MEC	Direcionado à demanda do mercado de trabalho	Direcionado à demanda do mercado de trabalho
Gestão	Gestão democrática no ensino público	Gestão democrática no ensino público e Gestão tripartite no segmento comunitário	Gestão democrática no ensino público e Gestão tripartite no segmento comunitário

Figura 59: Características das Redes. Fonte: Melo (2006).

Em 2006, Lula conseguiu se reeleger para um segundo mandato, iniciado em 2007. Em seguida, lançou o "Plano de Desenvolvimento da Educação como Horizonte do Debate sobre o Sistema Nacional de Educação". São princípios básicos deste plano:

> *Se quisermos acelerar o passo e superar um século de atraso no prazo de uma geração, não há como fazê-lo sem investimentos na educação da ordem de 6% a 7% do PIB. Neste esforço, que deve ser nacional, o PDE, considerado a complementação da União ao FUNDEB, acrescenta, a partir do quarto ano de seu lançamento, R$ 19 bilhões anuais ao orçamento do Ministério da Educação, ou 0,7% do PIB, apenas como contrapartida federal.*
>
> *[...] Em outras palavras, deve-se equalizar as oportunidades educacionais pelo aumento do financiamento, diferenciando-se apenas o caráter do apoio, de modo a garantir a ampliação da esfera de autonomia das escolas e das redes educacionais. A autonomia das escolas e das redes, não obstante, não é originária, mas derivada da autonomia do educando, consequente ao processo de socialização e individuação. Quando esta última é ameaçada pela primeira, entram em conflito o direito da escola e o direito do educando. Há, aqui, uma antinomia, direito contra direito. Em educação, tem precedência o direito do educando, caso em que uma ação reparadora se justifica.*

A emenda nº 53 ao artigo 212 da Constituição, de 19 de dezembro de 2006 coloca novas bases para o financiamento da educação:

> *§ 5º A educação básica pública terá como fonte adicional de financiamento a contribuição social do salário-educação, recolhida pelas empresas na forma da lei.*

§ 6º *As cotas estaduais e municipais da arrecadação da contribuição social do salário-educação serão distribuídas proporcionalmente ao número de alunos matriculados na educação básica nas respectivas redes públicas de ensino.* (NR)

Até então, cabia à União o financiamento do ensino superior e de escolas técnicas federais. Aos demais níveis de ensino há transferências de recursos aos Estados, ao DF e aos municípios. Para o Ensino Médio não havia, até 2006, a vinculação de recursos exclusivos. O financiamento da educação no Brasil se dá de forma complexa, por meio de receitas fiscais dos três níveis de governo e inclusive sob a forma de transferências intergovernamentais. Desde 1983 estava assegurada por meio de lei, a destinação mínima de recursos financeiros, pelos poderes públicos, à educação em geral (13% pela União e 25% pelos Estados e municípios). Com a Constituição Federal de 1988, estes percentuais foram aumentados (18% pela União e 25% pelos Estados e municípios). Como não havia vinculação de recursos exclusivos ao Ensino Médio, em 2000 e 2001 este nível apresentou um dos menores percentuais de PIB gasto em educação secundária (MERCOSUL, 2008). Com a criação do FUNDEB em 2006, toda a Educação Básica passa a ser assistida por um conjunto de recursos advindos principalmente de impostos, parte da União, parte dos estados e parte dos municípios. Segundo informações do próprio FUNDEB[38]

[...] Sua implantação foi iniciada em 1º de janeiro de 2007, de forma gradual, com previsão de ser concluída em 2009, quando estará funcionando com todo o universo de alunos da educação básica pública presencial e os percentuais de receitas que

---

[38] Disponível em: <http://www.fundeb.gov.br>. Acesso em: 14 de setembro de 2009.

o compõem terão alcançado o patamar de 20% de contribuição. O Fundeb substituiu o Fundo de Manutenção e Desenvolvimento do Ensino Fundamental e de Valorização do Magistério – Fundef, que só previa recursos para o ensino fundamental. Os recursos do Fundo destinam-se a financiar a educação básica (creche, pré-escola, ensino fundamental, ensino médio e educação de jovens e adultos). Sua vigência é até 2020, atendendo, a partir do terceiro ano de funcionamento, 47 milhões de alunos. Para que isto ocorra, o aporte do governo federal ao Fundo, de R$ 2 bilhões em 2007, aumentará para R$ 3 bilhões em 2008, R$ 5 bilhões em 2009 e 10% do montante resultante da contribuição de estados e municípios a partir de 2010.

Atualmente o gasto público com educação é inferior a 5% do PIB nacional, sendo 46% verbas estaduais, 29,5% municipais e 24,4% verbas da União (NOTA TÉCNICA, 2005).

No entanto, sabemos que a solução dos problemas crônicos da educação no Brasil não pode ser resolvida apenas com verbas alocadas para a educação. Temos o exemplo do Rio de Janeiro, estado que mais recebe *royalties* do petróleo no país e onde os indicadores de qualidade e de infraestrutura nas escolas de nove municípios (levantados pelo IDEB – Índice de Desenvolvimento da Educação Básica)[39], que recebem quantias maiores vindas de recursos do petróleo, em nada se destacam em relação a outras escolas do Sudeste, apresentando até níveis mais baixos.

Não podemos nos esquecer, tampouco, que o PROEP – Programa de Expansão da Educação Profissional – continua ativo e desde 2006 vem trabalhando mais no sentido de reordenamento dos processos gerenciais do Estado brasileiro, "ampliação da infraestrutura setorial e a qualificação dos agentes

---

[39] Folha de São Paulo, 15 de setembro de 2008, C1.

institucionais envolvidos, visando fazer da educação profissional e tecnológica uma peça chave para o desenvolvimento do país"[40].

No entanto, segundo o Secretário de Educação Profissional e Tecnológica (MEC/SETEC), Eliezer Pacheco[41], o programa funcionou apenas de 1998 a 2007 e se mostrou "um fracasso total por não ter lógica nem critérios".

O PROEP tem estendido suas ações desde 2002, prazo para finalização do primeiro contrato 1996-2002 e tem ações previstas até 2009[42]. As principais ações da SETEC/MEC com auxílio PROEP são: (1) expansão da rede federal de educação profissional e tecnológica, (2) a articulação do ensino médio à educação profissional nas modalidades integrada, concomitante e subsequente, (3) a formação e qualificação de professores para a educação profissional e tecnológica, (4) a instituição dos catálogos nacionais de ensino superior de tecnologia e dos cursos técnicos, (5) escola de fábrica e (6) o programa de integração da educação profissional à educação básica na modalidade de educação de jovens e adultos (PROEJA). Em 2008, o governo federal lançou o Programa Brasil Profissionalizado que pretende modernizar as redes públicas municipais e estaduais que oferecem ensino médio integrado à educação profissional e tecnológica. Há previsão de investimentos de R$ 900 milhões até 2011, para as micro e mesorregiões do Brasil.

Embora o projeto para a educação profissional dos governos FHC e Lula seja muito semelhante, encontra-se em curso no governo Lula, com o auxílio do PROEP, um plano de trinta por cento de expansão da Rede Federal, em que

> [...] todas as 27 Unidades da Federação estejam presentes unidades da Rede, tanto nas capitais,

---

40 PROEP 2008, Sumário Executivo/MEC/FNDE.

41 *Folha de S. Paulo*, 20 de julho de 2009, C3.

42 Embora o secretário da SETEC diga que o programa terminou em 2007, no Sumário Executivo MEC/FNDE constam ações a serem desenvolvidas pelo PROEP até 2011.

quanto no interior. Para tanto, o Ministério da Educação se compromete a viabilizar, nos próximos dois anos, a implantação de 42 novas unidades de ensino, sendo 5 Escolas Técnicas Federais, 4 Escolas Agrotécnicas Federais e 33 Unidades de Ensino Descentralizadas vinculadas aos Centros Federais de Educação Tecnológica. Com a expansão da Rede, prevê-se a criação de 74 mil novas vagas em cursos técnicos de nível médio (duração de 1,5 a 3 anos) e em cursos superiores de tecnologia, que, como no governo anterior, deverão estar sintonizados com as demandas de âmbito local e regional. A expansão da Rede implicará, também, a expansão do emprego público, o que marca outra diferença em relação ao governo anterior, que além de restringi-lo sob diferentes estratégias, foi também responsável por sua precarização. Serão criados, segundo Ministério, 4.500 novos postos de trabalho, dois quais 1.770 serão de cargos de professor. (MELO, 2008: 10)

No entanto, o quadro ainda é bem pouco favorável para os adolescentes de 15 a 17 anos de idade, faixa etária correspondente ao Ensino Médio. Mesmo a taxa de acesso à escola tendo crescido de 69,5% para 82,2%, entre 1996 e 2006, é possível constatar que a taxa de frequência líquida, ou seja, a frequência deste grupo ao ensino médio – nível adequado para a faixa etária de acordo com o modelo educacional vigente no País – em 2006, não atinge sequer metade do segmento populacional: 47,1%. Nos estados do Norte e Nordeste, a situação revelada pela PNAD – Pesquisa Nacional por Amostra de Domicílios/IBGE – mostra a precariedade do sistema escolar, onde se encontram situações cujos percentuais não atingem a casa dos 30% – os Estados do Pará e Alagoas, com apenas 28,4% e 25,4%, respectivamente – de seus adolescentes frequentando o ensino médio. Segundo dados do MEC de 2008, 81% dos jovens brasileiros entre 15 e 17 anos estão na escola, mas apenas 44% no Ensino Médio, os demais permanecem no Ensino Fundamental.

> *A política educacional brasileira, especialmente a para o ensino médio e profissional, implementada de 1995 a 2002, e que persistiu no ano de 2003 e 2004, é constituinte do processo de desenvolvimento do capitalismo no Brasil, e responde aos motivos financeiros e institucionais e às razões econômicas e ideológicas que emergiram e emergem da consolidação de interesses internos, que se materializam e se reproduzem articulados aos interesses externos, que os alimentam e os subordinam no processo de acumulação e reprodução de capital em âmbito mundial. Desse modo, compreendemos a política educacional como uma política social emersa desse processo que, concebida e dirigida pelo Estado, mediatiza as contradições sociais. Ao empreendermos um exame da política educacional brasileira, o fazemos compreendendo-a nesse processo, cujo o exame passa pela compreensão das contradições que a engendram e das mediações que as neutralizam ou escamoteiam, "resolvendo-as".* (DEITOS, 2002: 309)

Podemos dizer com segurança que o Brasil nunca desenvolveu um sistema adequado para a educação profissional, restrito aos CEFETs, hoje IFs (Institutos Federais de Educação, Ciência e Tecnologia) e às redes Paula Souza em São Paulo e ao SENAI, em todo o país. Observemos os números:

MATRÍCULAS NA EDUCAÇÃO PROFISSIONAL

BRASIL, GRANDES REGIÕES	Nº DE MATRÍCULAS	%
NORTE	29.362	3,9
SUDESTE	431.480	57,9
NORDESTE	94.480	12,7
CENTRO-OESTE	28.934	3,9
SUL	160.434	21,5
BRASIL	744.690	100,0

Figura 60: Distribuição das matrículas da Educação Profissional de Nível Médio. Fonte: MEC/INEP. Censo Escolar. Elaboração: DIEESE. Obs.: Matrículas nas formas concomitante e subsequente. Brasil, Grandes Regiões 2006.

As matrículas na Educação Profissional concentram-se bastante na região Sudeste, onde os polos industriais são maiores e também devido à presença da rede Paula Souza em todo o estado de São Paulo.

Segundo dados do IBGE/PNAD/2007, 80,9% das matrículas em 2007 na educação profissional são no segmento da qualificação profissional e 17,6%, em cursos técnicos de nível médio. Também somando os que frequentavam com os que já haviam frequentado curso de educação profissional (35,6 milhões de pessoas), a divisão se repetia: 81,1% estavam no segmento da qualificação profissional; o curso técnico de nível médio representava 18,2% do total; e a graduação tecnológica, 0,7%:

REGIÕES	TOTAL	SISTEMAS	PÚBLICO	PARTICULAR	OUTRA
BRASIL	100,0	20,6	22,4	53,1	3,9
NORTE	100,0	22,5	22,8	51,1	3,6
NORDESTE	100,0	18,2	27,9	49,7	4,2
SUDESTE	100,0	19,6	20,2	56,8	3,5
SUL	100,0	24,0	21,7	49,2	5,2

REGIÕES	TOTAL	SISTEMAS	PÚBLICO	PARTICULAR	OUTRA
CENTRO--OESTE	100,0	24,3	22,9	50,4	2,6

Figura 61: Distribuição Percentual de Pessoas com Dez Anos ou mais que frequentaram anteriormente curso de Educação Profissional. IBGE, 2007.

São dados importantes do Suplemento – Aspectos Complementares da Educação de Jovens e Adultos e Educação Profissional – IBGE/2007:

> No contingente de pessoas ocupadas (90,8 milhões de pessoas), 3,6% estavam frequentando a educação profissional em 2007, enquanto, entre os desocupados (8,1 milhões de pessoas), o percentual era 7,5%. Entre os ocupados, 23,4% frequentaram anteriormente a educação profissional e, dentre os desocupados, esse percentual era de 26,1%. Isto significa que mais da maioria (66,4%) das pessoas desocupadas não haviam frequentado anteriormente e nem frequentavam em 2007 nenhum curso de educação profissional.

O mesmo documento também coloca que o curso mais frequentado na modalidade de qualificação profissional (24 milhões de pessoas) é o de informática, cursado por um terço dos informantes. Esta área é seguida por comércio e gestão, que reunia, em 2007, com 11,5%. Na educação técnica de nível médio, foi verificado que

> Dentre os que frequentavam ou frequentaram anteriormente curso técnico de nível médio, 55,4% fizeram este curso após a conclusão do ensino médio e 42,4% ao mesmo tempo em que o ensino médio.
> Dos que frequentavam em 2007, 50,7% eram mulheres (537 mil) e 49,3% homens (523 mil).

A área mais procurada pelas mulheres era a de saúde (46,1% das que frequentavam e 31,8% das que haviam frequentado anteriormente). Já os homens que frequentaram anteriormente curso técnico apresentaram preferência pela área da indústria (33,0%). Entre os que frequentavam em 2007, continuaram em destaque as áreas de indústria (38,3%) e informática (16,4%).

Dentre aquelas 4,7 milhões de pessoas que completaram o curso técnico, 3 milhões (65,2%) trabalhavam ou trabalharam anteriormente na área de formação do curso. Dentre 1,6 milhão de pessoas que nunca trabalharam na área de formação, 40,1% (650 mil pessoas) disseram ter encontrado uma oportunidade melhor de trabalho em outra área; 27,9% não encontraram vagas de trabalho na área do curso, fato mais comum nas regiões Norte (37,0%) e Nordeste (36,9%).

Em relação às áreas profissionais, a distribuição de matrículas é mais numerosa nas áreas de Saúde e Indústria, como pode ser verificado nos percentuais da Figura 61:

PORCENTAGENS DE MATRÍCULAS POR ÁREAS PROFISSIONAIS

Saúde	35,3
Indústria	18,8
Gestão	13,1
Informática	10,5
Agropecuária	5,9
Química	3,8
Construção civil	1,9
Meio ambiente	1,7
Turismo e Hospitalidade	1,6
Desenvolvimento social e lazer	1,4

Artes	1,1
Telecomunicações	1,1
Design	1,1
Comércio	0,9
Outras áreas [1]	1,8

Figura 62: Distribuição das matrículas da educação profissional de nível médio, por áreas profissionais. Brasil 2006 (em %). Fonte: MEC/INEP. Censo Escolar. Elaboração: DIEESE. Nota: (1) Inclui comunicação, mineração, transportes, geomática, imagem pessoal e recursos pesqueiros.
Obs.: Matrículas nas modalidades concomitante e subsequente.

Por modalidade de oferta, a distribuição de matrículas modifica-se, pois o Ensino Médio Integrado é mais oferecido na área de Agropecuária, enquanto os cursos técnicos concomitantes e subsequentes apresentam cursos em todas as áreas:

MATRÍCULAS POR MODALIDADES DOS CURSOS TÉCNICOS

MODALIDADE	MÉDIO INTEGRADO	CONCOMITANTE	SUBSEQUENTE
SAÚDE	1,1	38,3	60,6
INDÚSTRIA	6,2	42,8	51,09
GESTÃO	10,1	33,2	56,7
INFORMÁTICA	12,6	48,4	39,0
AGROPECUÁRIA	21,5	46,9	31,6
QUÍMICA	5,3	47,8	46,9

Figura 63: Distribuição das matrículas da educação profissional de nível médio por modalidade de oferta, segundo principais áreas profissionais[1]. Brasil 2006 (em %). Fonte: MEC/INEP. Censo Escolar. Elaboração: DIEESE. Nota: (1) Áreas com maior número de matrículas.

A seguir os dados do SENAI, entidade que prefere atuar em cursos de aperfeiçoamento industrial (FIC – Formação Inicial):

2006	%	Nº DE MATRÍCULAS
Formação de tecnólogos	0,4	7.329
Habilitação profissional	2,9	58.357
Aprendizagem industrial	4,3	86.373
Aperfeiçoamento profissional [1]	58,2	1.182.514
Qualificação profissional	34,3	696.092
TOTAL	100,0	2.030.665

Figura 64: Evolução da distribuição das matrículas do SENAI por modalidade. Brasil 2001-2006 (em %). Fonte: SENAI. Relatório Anual. Elaboração: DIEESE.
Nota: (1) Inclui as matrículas de Especialização e Iniciação Profissional.

Observe-se a seguir os dados do CENTRO PAULA SOUZA, cujo foco é o ensino técnico desvinculado do Ensino Médio:

UNIDADES DE ENSINO	MODALIDADES DE ENSINO	2007
Escolas Técnicas Estaduais	Ensino médio	23.464
	Ensino técnico	154.498
	EJA presencial [1] 190.206	180
	Formação inicial e continuada [2]	528
	Pós-técnico	–
Faculdades de Tecnologia	Ensino tecnológico	20.441
	Pós-Graduação – *lato sensu*	117
Programas de Pós-Graduação	Pós-Graduação – *stricto sensu*	25
TOTAL		199.253

FIGURA 65: Número de alunos matriculados nas escolas do Centro Paula Souza por modalidade de ensino. Estado de São Paulo 2005-2007. Fonte: Centro Paula Souza. Bdcetec; AESU. Elaboração: DIEESE. Notas: (1) Corresponde ao antigo supletivo médio. (2) Corresponde à antiga qualificação básica. Obs.: Matrículas no 1º semestre.

Existe em curso, atualmente, por parte do governo do Estado de São Paulo, um projeto de ampliação das FATECs – Faculdades de Tecnologia, de 26 unidades (2006) para 52 (2010). No entanto, o sistema está bastante carente no momento, principalmente devido à falta de servidores, de material e de manutenção de escolas e laboratórios. O salário pago aos professores é muito baixo, não há plano de carreira e um professor com mestrado, atuando na FATEC, chega a ganhar 18% menos que um professor do ensino regular, dificultando a contratação e a permanência de bons profissionais.[43]

A Figura 66 apresenta os números relativos à rede federal:

REDE FEDERAL

BRASIL E GRANDES REGIÕES	ALUNOS	PROFESSORES	RELAÇÃO ALUNO/ PROFESSOR
Norte	17.159	815	21,1
Nordeste	78.361	3.247	24,1
Sudeste	65.090	2.670	24,4
Sul	32.942	1.919	17,2
Centro-Oeste	31.993	683	46,8
BRASIL	225.545	9.334	24,2

Figura 66: A Rede Federal de Educação Profissional e Tecnológica. Brasil e Grandes Regiões 2005. Fonte: MEC. SETEC. Elaboração: DIEESE. Obs.: Nos estados do Acre, Amapá e Mato Grosso do Sul não há CEFET, ETF, UNED ou EAF.

É notória, na rede federal, a falta de informações sobre os egressos da educação profissional. Tanto o MEC como o INEP apresentam apenas dados esparsos sobre a atuação profissional dos técnicos formados. Somente em 2008 foi realizada pelo MEC a primeira pesquisa de egressos da Rede Federal, a partir da seguinte amostra:

REGIÃO	AGRÍCOLA UNIVERSO	AMOSTRA	INDÚSTRIA UNIVERSO	AMOSTRA
Norte	1.055	223	3.702	265
Nordeste	4.207	268	17.637	281

---

43 *Folha de S. Paulo*, 12 de março de 2008, C7.

REGIÃO	AGRÍCOLA UNIVERSO	AMOSTRA	INDÚSTRIA UNIVERSO	AMOSTRA
Centro-Oeste	2.906	260	1.856	245
Sudeste	10.853	279	18.063	281
Sul	6.209	275	6.169	272
TOTAL	25.230	1.305	47.427	1.344

Figura 67: Distribuição do quantitativo de egressos, segundo as regiões do país e perfil institucional predominante [44].

Eliezer Pacheco[45], Secretário de Educação Profissional e Tecnológica do MEC, comenta a pesquisa, em que foram entrevistados 2.657 egressos de 130 instituições, formados entre 2003 e 2007:

> *O levantamento mostra que 72% dos ex-alunos estão colocados no mercado de trabalho, 65% na área em que estudaram. Outros índices: 86% estão satisfeitos em relação à atividade profissional; 84% cursaram o ensino médio em escola pública; 90% qualificam a instituição como boa e ótima; 87% avaliam o conteúdo recebido como bom e ótimo; 90% avaliam os docentes como bons e ótimos; e 74% trabalham em locais com distância máxima de 50 quilômetros em relação ao município onde fez o curso. Há mais um dado relevante. Dos que trabalham, 59% têm carteira assinada e acreditam que o salário recebido está na média e 11% têm a percepção que recebem remuneração acima da média do mercado. Sobre a continuidade dos estudos, 11% cursaram ou estão cursando outro curso técnico após a conclusão do primeiro e 57% cursaram ou estão cursando uma formação superior.*

---

44 MEC/Pesquisa Egressos 2003-2007.
45 www.mec.gov.br/setec.

Segundo o relatório, constatou-se que, dos egressos que trabalham, 44% atuam na área do curso técnico em que se formaram e 21% em áreas correlatas. Aparentemente o perfil dos alunos, que sempre foi constituído por oriundos das escolas particulares, está se modificando, pois 84% cursaram o ensino médio em escolas públicas e outros 4% "a maior parte" em escolas públicas. Outra informação que desmistifica o elitismo dos alunos é que 54% dos pais e 46% das mães dos egressos consultados têm escolaridade inferior ou igual ao ensino fundamental. Apenas 9% dos pais e 15% das mães têm o nível superior completo.

Outro documento atual importante é o Plano Nacional da Educação MEC/2008, que lista as ações empreendidas pelo Ministério da Educação nos últimos anos:

1. Ensino obrigatório, em linha com a experiência internacional e com o PNE, passou de oito para nove anos.
2. A arrecadação para repasses da União aos estados e municípios relativos ao salário-educação saltou de R$ 3,7 bilhões em 2002 para R$ 7 bilhões em 2006.
3. As transferências voluntárias da União atingiram um número mais expressivo de municípios, o que permitiu ampliar o acesso a projetos federais voltados para formação de professores, reforma e construção de escolas, equipamentos, material pedagógico etc.
4. O investimento mínimo por aluno do ensino fundamental, ainda na vigência do FUNDEF, teve reajuste de 26% acima da inflação.
5. A merenda escolar, que teve seu valor reajustado em 70% após uma década sem reajuste, foi estendida à creche.
6. O livro didático, pela primeira vez, foi oferecido aos estudantes do ensino médio.
7. Programas de inclusão digital foram incrementados.
8. O FUNDEB, por sua vez, ao substituir o FUNDEF, trouxe pelo menos duas vantagens: **a)** aumentou subs-

tancialmente o compromisso da União com a educação básica, ampliando o aporte, a título de complementação, de cerca de R$ 500 milhões (média no FUNDEF) para cerca de R$ 5 bilhões de investimento ao ano; **b)** instituiu um único fundo para toda a educação básica, não apenas para o ensino fundamental.

A Educação Profissional constitui um dos objetivos maiores do documento. A Rede Federal, constituída agora por 354 unidades de ensino, teve investimentos para recuperar suas verbas de custeio e de pessoal. Enquanto que, de 1995 a 1998, não foi autorizada a contratação de um único docente ou técnico para um sistema de 140 unidades, de 2003 a 2006, foi autorizada a contratação de 3.433 docentes e técnicos administrativos.

Foi também deflagrado um grande processo de expansão da rede. Segundo o PNE/2008, de 1909 a 2002, quer dizer, em quase um século, foram autorizadas 140 unidades federais de educação profissional e tecnológica no País, pouco mais de uma por ano. De 2003 a 2010, serão autorizadas 214 novas unidades federais, ou seja, uma ampliação de 150% do Parque Federal de Educação Profissional e Tecnológica, em apenas oito anos.

Foram criados os Institutos Federais de Educação, Ciência e Tecnologia (IF) como modelos de reorganização das Instituições Federais de Educação Profissional e Tecnológica para uma atuação integrada e referenciada regionalmente. A missão institucional dos IF colocada pelo MEC/SETEC, no que respeita à relação entre educação e trabalho, deve orientar-se pelos seguintes objetivos: ofertar educação profissional e tecnológica, como processo educativo e investigativo, em todos os seus níveis e modalidades, sobretudo de nível médio; orientar a oferta de cursos em sintonia com a consolidação e o fortalecimento dos arranjos produtivos locais; estimular a pesquisa aplicada, a produção cultural, o empreendedorismo e o cooperativismo, apoiando processos educativos que levem à geração de trabalho e renda, especialmente a partir de processos de autogestão.

Quanto à relação entre educação e ciência, o IF deve constituir-se em centro de excelência na oferta do ensino de ciências, voltado à investigação empírica; qualificar-se como centro de referência no apoio à oferta do ensino de ciências nas escolas públicas; oferecer programas especiais de formação pedagógica inicial e continuada para a formação de professores para a educação básica, nas áreas de física, química, biologia e matemática, de acordo com as demandas locais e regionais, e ainda oferecer programas de extensão, com prioridade à divulgação científica.

A criação dos IFs poderá ser bastante oportuna se estes se dedicarem à pesquisa tecnológica, uma das grandes deficiências da universidade brasileira atual. Um interessante artigo publicado no *site* <www.universia.com> comenta as dificuldades por que passou o Brasil. Com dados do início do século XXI, comenta este problema:

> La brecha entre la universidad y la empresa está pasando factura a Brasil. Al mismo tiempo que el país celebra el crecimiento constante de su producción científica, que en 2007 alcanzó un 2,02% de los artículos publicados internacionalmente, también tiene que lamentarse de representar sólo el 0,06% del número de patentes registradas en el mundo, según la Fundación de Coordinación de Perfeccionamiento de Personal de Nivel Superior (CAPES) del Ministerio de Educación de Brasil, una organización dedicada a la formación para la enseñanza superior. Por un lado, el desarrollo del conocimiento parece ir a toda máquina, obteniendo un lugar destacado entre los países de América Latina y asemejándose a países europeos, como Suiza (1,89%), Suecia (1,81%), Holanda (2,55%) y Rusia (2,66%). Por otro, la producción tecnológica aún parece dejar mucho que desear en comparación con la de países como

Corea del Sur (un 0,79%), Italia (un 1,31%), Francia (un 2,96%) y Japón (un 22,67%).

O próprio BIRD – Banco Internacional para a Reconstrução e Desenvolvimento – divulgou um documento sobre o tema intitulado "Conocimiento e innovación para la competencia" que apela para a necessidade do Brasil passar a converter conhecimentos em resultados práticos. Segundo o documento, o Brasil dedica 0,98% do PIB (Produto Interno Bruto) à inovação tecnológica, enquanto a China investe 1,22%, ficando atrás de seus principais competidores no mercado internacional: Coreia do Sul, China, Índia e Rússia.

Reconheçamos também que o Banco Mundial tem suas razões para dizer:

> *Finally, it is critical to strengthen the interface between education institutions and the private sector. This applies in particular to the higher education sector and training programs, where private sector relevance has been very low. As already pointed out, this calls for a change of mindset in both camps, which calls for more than simply Government policies. Still, a lot can be done through policies, which encourage and provide economic incentives for public-private cooperation.* (NIELSEN e HANSEN, 2003: 31)[46]

Nicolsky e Oliveira comentam a respeito, no jornal *Folha de S. Paulo*:[47]

> *Oito anos de vigência dos fundos setoriais, quatro anos da Lei da Inovação e dois anos e meio*

---

[46] The World Bank. Latin America and the Caribbean Regional Office.
[47] 10/03/2008 – *Folha de S. Paulo* – seção Tendências/Debates.

da Lei do Bem não levaram o Brasil a melhorar sua performance tecnológica em relação aos demais países em desenvolvimento. Ao contrário, pioramos. No ranking de 2007 do escritório norte-americano de patentes, o USPTO, perdemos uma posição em relação a 2006, ficando agora em 29º lugar, enquanto mais um país emergente – desta vez a Malásia – nos faz engolir poeira. O Brasil encerrou 2007 com um saldo de apenas 90 patentes concedidas nos EUA, contra 1.121 para a China, 545 para a Índia e 158 para a Malásia. Mas o que chama atenção é que, acima da questão do ranking, *o desempenho que apresentamos é incompatível com a dimensão de nossas indústria e economia. É um resultado que evidencia o equívoco das nossas políticas públicas de fomento à inovação, que se confundem com políticas de apoio à ciência e às universidades.*

Niskier, em artigo também publicado no jornal *Folha de S. Paulo*[48], comenta a educação profissional atual:

Nisso tudo, há um elemento positivo a considerar, com dados extraídos do Censo Escolar 2008: houve um aumento de 14,7% na educação profissional, ou seja, mais de 101 mil estudantes, que hoje totalizam 795.459 matrículas. Pode-se estimar que ocorra um crescimento em progressão geométrica com as novas escolas federais criadas pelo governo Lula, o que indica um caminho positivo – e inédito – em nossa pedagogia. É o segmento com maiores possibilidades de atendimento à demanda, contrariando uma tendência histórica de desprezo pela educação profissional. Vale lembrar que ela

---

48 28/01/2009 – *Folha de S. Paulo* – seção Tendências/Debates.

nasceu no governo Nilo Peçanha, no início do século 20, para "crianças desvalidas" e alcançou a Constituição outorgada de 1937 com a triste percepção de que "o ensino técnico-profissional seria destinado às classes menos favorecidas". Hoje, há um sentimento exatamente oposto, que precisará ser mais e mais prestigiado, apesar das ameaças da crise econômica mundial. A contribuição de Estados e municípios é importante, verificando-se resultados apreciáveis na oferta de vagas, especialmente em Brasília, no Rio, no Acre e no Amazonas. São dados irrefutáveis, criando uma nova dinâmica no quadro de matrículas, aliás, uma reversão extremamente importante: os maiores crescimentos têm se revelado nas creches implantadas (10,9% de 2007 para 2008), na educação infantil (3,2%) e na educação profissional, que ficou em primeiro lugar com a expansão de 14,7%. No geral, o ensino médio cresceu 2%. Para os estrategistas, convém pesquisar sobre os dados anunciados. Localizar as novas escolas em regiões de demanda certa – e com a garantia de uma adequada formação de professores e especialistas de qualidade. Desse quadro pode-se extrair a convicção de que há quase uma revolução na oferta pragmática de vagas para os jovens que assegurarão ao país o desenvolvimento autossustentado. Não é o que se deseja?

Sabemos, no entanto, que os índices da Educação Básica do país ainda são muito ruins. Veja-se, por exemplo, o estado de São Paulo, um dos estados com maior renda do Brasil, em que o próprio Sistema de Avaliação de Rendimento Escolar do Estado de São Paulo – SARESP – demonstra índices como os abaixo comentados no jornal *Folha de S. Paulo*:[49]

---
49 *Folha de S. Paulo* – 10/04/2009 – C1.

Dados divulgados ontem pelo governo de SP mostram que o desempenho dos seus estudantes do ensino fundamental (1ª a 8ª) piorou em português entre 2007 e 2008, mas melhorou em matemática. Nas duas disciplinas, porém, a maioria dos alunos não alcançou o conhecimento esperado pela própria Secretaria da Educação.

Na oitava série, ano com os piores indicadores, 82,5% dos alunos não atingiram o nível esperado em português. Em matemática, foram 88,4%. Já no ensino médio (antigo colegial), houve avanço nas duas disciplinas, mas a situação era pior que das demais séries.

Um dos motivos apontados para as deficiências pelo censo da Educação Básica do INEP é a falta de formação adequada dos professores, pois 26,6% dos professores do ensino fundamental não têm a habilitação legal exigida para dar aulas nesse nível e 21,3% sequer possuem curso superior. Estes dados estão sendo usados para justificar a atuação dos IFs nas licenciaturas, modalidade de curso normalmente oferecido e mais ajustado ao perfil das universidades.

Acredito que para construção de um projeto educativo inovador necessitamos da união da sociedade para discussão de uma nova LDB, que seja construída de forma harmônica com as leis de mercado e com as aspirações e necessidades individuais e sociais dos brasileiros. Somente desse modo, com um projeto elaborado por toda a sociedade, é que estaremos contribuindo efetivamente para a criação dos novos sujeitos sociais, reflexo de uma nova sociedade democrática e que, ao mesmo tempo, apresente um perfil multidisciplinar que atenda o mercado de trabalho. E, principalmente, o projeto de uma nova LDB que represente os brasileiros e não os organismos financeiros internacionais ou um "Estado Desertor" (AGUILAR, 2000).

Para terminar este capítulo, cito Frigotto (1993: 139):

> *Na medida em que a escola efetivamente não se define como sendo uma instituição que está na base da estrutura econômico-social, e como tal, não é nela historicamente que se efetiva o embate fundamental do conflito capital/trabalho, faz pouco sentido a discussão do vínculo ou desvínculo direto, imediato. A direção da análise, tomando-se a especificidade da prática escolar em momentos históricos diferentes e em realidades específicas, situa-se não na busca de se demonstrar que a escola serve ao capital de forma direta e imediata, ou que a escola não é capitalista ou uma instituição à margem, mas na apreensão do tipo de mediação que essa prática realiza historicamente no conjunto das práticas socias e, especificamente, com a prática da produção material.*

CONSIDERAÇÕES FINAIS

Este relatório apresentou um estudo comparado da educação profissional Brasil-Argentina nos últimos quarenta anos. A educação foi apresentada sempre imersa em um cenário sócio-político-cultural, procurando-se sempre destacar as formas de governança a que foram submetidos os dois países.

No período da ditadura (1960-1985), enquanto o Brasil passava economicamente por um período de crescimento acelerado, a Argentina apresentou uma fase de estagnação com acirramento das questões políticas. Na educação, os dois países passam por reformas, com a descentralização e autonomia das províncias na Argentina e no Brasil com a criação do FNDE e dos Fundos Especiais para captação de recursos não orçamentários. A educação secundária caracteriza-se pela integração obrigatória à educação técnica, criando-se um novo modelo universal científico-tecnológico inspirado pelos acordos com o Banco Mundial, com o propósito não explícito de diminuir a procura pela universidade. As indústrias mais sofisticadas com a automação flexível necessitam de um técnico mais bem preparado, mas a escola não consegue atender à demanda, formando um número inexpressivo de alunos. Como consequência, o mercado passa a valorizar o grau de escolaridade, aumentando-se a exclusão social e o surgimento do "estado desertor".

Com a abertura política depois de 1985, o período se inicia, tanto no Brasil como na Argentina, com uma transição para a democracia acompanhada de regras econômicas impostas pelo FMI. Na educação, a Argentina apresenta bons índices numéricos acompanhados de taxas altas de analfabetismo, evasão e reprovação. Vive-se a descentralização da educação para as províncias, a criação de conselhos escolares e movimentos pró-educação em todo o país. No Brasil, a nova Constituição de 1988 garantiu pela primeira vez a vinculação de recursos para a educação.

Na década de 1990, impera nos dois países a política neoliberal, de obediência ao FMI. Cria-se na Argentina o "Consejo Federal de Educación" como órgão de coordenação e organização do sistema nacional; a "Ley Federal de Educación" 24.195/1993, que determina as funções da nação, das províncias e da cidade de Buenos Aires. A Educação Profissional é relegada à escola de regime especial e acontece a dissolução dos cursos técnicos, sem que se oferecesse outra modalidade. É introduzido no nível secundário o Polimodal, que prepara para o mundo do trabalho sem habilitação técnica, com grande diminuição de vagas. No Brasil, é promulgada a nova LDB 9.394/96, que divide a escola em dois níveis, básico e superior, e o decreto 2.208/97 determina a separação do ensino médio do técnico. A educação profissional é oferecida desvinculada da educação básica, embora seja obrigatória sua conclusão para obtenção do título de técnico. É criado um Plano de Desenvolvimento da Educação, mas há muitos subsídios a escolas privadas, cooperativas e ONGs.

O século XXI inicia-se com a educação na América Latina apresentando problemas crônicos de falta de qualidade, carência de professores com formação adequada e índices altos de reprovação, evasão e analfabetismo. Vivem-se momentos de governos mais democráticos, com os Kirchner na Argentina e Lula no Brasil.

O governo petista brasileiro coloca a educação como uma das suas prioridades e a educação profissional recebe recursos muito maiores do que a educação básica (ensino médio). O decreto 5.154/2004 permite novamente a união dos currículos do Ensino Médio com a Educação Profissional, mas há dificuldades para se reimplantar cursos integrados. Atualmente, há em curso um amplo programa de expansão de trinta por centro da rede pública de educação profissional, com investimentos previstos de R$ 900 milhões até 2011.

Há interferência intensa do Banco Mundial na Argentina a partir de 2004. Em 2005, Kirchner aprovou a Ley de Educación Professional com a finalidade de recuperar a educação técnico--profissional e aprova alocação de recursos nunca inferior a 6% para a educação no orçamento nacional e provincial. Em 2006, aprova-se a nova Ley de Educación, ley 26.206/2006 que unifica novamente o sistema educativo e estabelece um currículo de cinco anos para a educação secundária.

Existem muitas semelhanças e algumas diferenças entre os sistemas educacionais argentino e brasileiro voltados para a educação profissional pública de nível médio, objeto desta pesquisa.

A Argentina começou a escolarização de sua população, desde o início de sua colonização. No entanto, no século XX, apresentou um processo lento de industrialização, com uso de tecnologias modernas, mas bem tradicionais, em especial nas áreas de metalmecânica e têxtil. Mais recentemente, para atender às crescentes mudanças tecnológicas, vem investindo mais em capacitações rápidas organizadas pelo próprio setor industrial. O Brasil, em contrapartida, demorou muito a atender as demandas da população por educação e somente organizou seu sistema educacional nos últimos quarenta anos. A indústria, no entanto, vem se desenvolvendo velozmente desde o início do século XX e hoje o país apresenta um pátio industrial constituído por muitas empresas de primeira linha, com equipamento de última geração. Para atendimento à demanda por técnicos capacitados, vem usando muito mais entidades privadas, o SENAI e capacitação financiada pelas próprias empresas. A educação profissional pública brasileira, embora nunca tenha tido períodos de interrupção como na Argentina, ainda atende uma demanda pequena do mercado, em virtude da sua desvinculação com o setor produtivo.

A principal semelhança é a pequena fatia que a legislação dedica à educação profissional nos dois países, sempre colocada como uma modalidade de ensino localizada fora dos sistemas regulares, não obrigatória e "centralizada na esfera federal, no que se refere à definição de diretrizes curriculares e avaliações dos resultados da educação" (MELO, 2008: 18).

Os níveis de ensino também são convergentes. Pela lei argentina 26.206/2006, os níveis de ensino são o Técnico Médio (educação básica secundária), o Técnico Superior (formação universitária) e a Formação Profissional (independente da formação básica). Pelo decreto 5.154/2004, no Brasil os níveis são o Técnico de nível médio (educação básica secundária), o tecnólogo e pós-graduado (formação universitária) e a Formação Inicial e Continuada.

A legislação brasileira carece de leis precisas em relação ao financiamento da Educação Profissional e dificulta bastante a entrada de recursos oriundos de empresas privadas para atualização e manutenção de pesquisa tecnológica e auxílio para introdução nos laboratórios de equipamentos com tecnologia atualizada. No entanto, na Argentina, houve a criação de um fundo específico para a educação profissional, enquanto no Brasil não há nada atrelado à educação profissional. A criação dos IFs, tão colocada como a solução para a crise educacional e para a empregabilidade dos jovens brasileiros, até agora não tem orçamento com dotação específica determinada por legislação, mas depende ainda das condições anuais do orçamento da União, correndo o risco de ficar ao desamparo com uma mudança drástica de políticas ou governos. Além disso, as instituições recebem o mesmo orçamento, com as mesmas rubricas de destino do que quando eram CEFETs. Ou seja, isto parece sugerir que são exatamente as mesmas, apenas com um nome diferente e mais pomposo e algumas atribuições a mais, sem investimentos necessários para realizar os novos objetivos. Sem dúvida, mais trabalho, com menos custo. Não há, também, fiscalização adequada quanto ao recebimento e aplicação de verbas recebidas em programas especiais, como o PROEP. Segundo o jornal *Folha de S. Paulo*,[50] de 1999 a 2007 noventa e oito entidades – sobretudo fundações e sindicatos – receberam R$ 257 milhões destinados à construção de cinquenta escolas técnicas, que oferecessem 50% de vagas gratuitas. No entanto, nenhuma vistoria foi feita pelo MEC e apenas uma entidade cumpriu integralmente o contrato, outras vinte cumpriram apenas parcialmente. As demais apresentam irregularidades variadas, desde a não construção, o não oferecimento de cursos, até a exigência de pagamento integral pelos alunos.

Quanto às diferenças, uma delas é a nomenclatura. No Brasil é chamada de Educação Profissional e Tecnológica, enquanto na Argentina, de Educação Técnico Profissional. O nome brasileiro amplia o espaço de atuação da modalidade, representado nos IFs pela abertura aos cursos de licenciatura, que fogem bastante do escopo de atuação anterior das entidades.

É importante que a educação profissional esteja vinculada a planos de desenvolvimento nacionais e/ou regionais. Dados do IPEA (Instituto de Pesquisa Econômica Aplicada) mostraram que, em 2007, o mercado de trabalho brasileiro apresentou excesso de mão de obra qualificada de pouco mais de 84 mil profissionais. Os qualificados constituem 18,3% do total de pessoas que procuram emprego.

A maioria das vagas para as quais faltam profissionais não exige formação superior, mas média de 9,3 anos de estudo e

---

50 20 de julho de 2009, C1.

formação técnica. A pesquisa mostra também que no Nordeste é onde sobram profissionais qualificados, principalmente nas áreas de Saúde, Educação, Assistência Social e Lazer, e o Sudeste é a região onde mais faltam esses mesmos profissionais.

É necessário e urgente que se estabeleça uma imbricação entre a oferta de trabalho e a formação de profissionais, e que isso aconteça regionalmente.

Os gestores da educação profissional devem, nos dois países, deixar vir a público com mais transparência as informações sobre alunos formados (ou seja, matriculados menos evadidos e repetentes) e sobre a atuação dos técnicos formados. Há pouca informação concreta sobre resultados obtidos, inclusive pelas mudanças constantes de sistemas e currículos, embora todos nós, educadores, saibamos que as aprendizagens humanas não podem ser programadas como a produção de objetos e de que um projeto pedagógico necessita de cerca de dez anos para real implementação.

Atualmente, o emprego da tecnologia microeletrônica aparece, em geral, associada à produção *just in time* (sem estoque) e à automação flexível e tem demandado novos padrões organizacionais do trabalho e da produção.

O desenvolvimento de novas tecnologias foi se tornando, historicamente, um dos elementos fundadores da subordinação do trabalho ao capital, ou um instrumento de controle do trabalho.

A introdução da automação flexível tem colocado novos parâmetros. O próprio nível de emprego tem se alterado substancialmente, criando-se desemprego em muitas áreas, mas gerando novas oportunidades e novas funções, especialmente gerando um quadro de trabalhadores qualificados nas áreas de manutenção e controle.

Os sistemas de educação profissional, para serem relevantes e eficazes, precisam articular-se com o setor produtivo, por meio de professores constantemente preparados e atualizados pelas empresas e com o contato com experiências concretas ou ambientes industriais simulados.

O sistema educacional brasileiro, ao longo de sua história, sempre foi incapaz de oferecer os recursos humanos que a expansão econômica necessitava, não contribuindo de forma significativa para a mobilidade social esperada. Somente quando finalmente conseguir atrelar-se a centros criadores de ciência e tecnologia, que proporcionem uma visão crítica do conjunto do sistema e do processo produtivo, será livre dos instrumentos de dominação que o cercam e fará com que a escola se transforme em fator de desenvolvimento humano e social. Estes centros de ciência e tecnologia podem ser os IFs, no Brasil, se estes cessarem a disputa por espaço com as universidades, deixando de lado sua ambição por licenciaturas e pós-graduação e realmente assumirem esta missão. XAVIER (1990: 11) aponta para a necessidade de analisar-se "as explicações que apontam para um desvínculo essencial entre o pensamento pedagógico, a política educacional e as necessidades educacionais do país" e indica como uma das causas principais a dominação econômica externa, reforçada pela dominação cultural.

Nesta pesquisa, constituída por uma síntese de educação comparada de um período de quarenta anos de dois países importantes, quando ambos percorreram uma importante e agitada trajetória social e política, tive de deixar de lado, para discussões futuras, muitas questões relevantes, a fim de manter uma linha de discussão mais harmônica. No entanto, pretendo discuti-las com mais profundidade em momentos oportunos.

Para finalizar, deixo os leitores a refletir com LANDES (2005), quando este nos remete ao mito da caixa de Pandora: quando Zeus envia Pandora e sua caixa de infortúnios para compensar os benefícios do fogo, Zeus nunca conseguiu reaver o fogo, Dédalo perdeu o filho, mas em contrapartida fundou uma escola de escultores e artesãos e transmitiu muito de sua destreza à posteridade.

[...] há uma certa sabedoria nessas antigas histórias, que ainda não foi invalidada pela experiência dos dois últimos séculos. A Revolução Industrial e o subsequente casamento da ciência com a tecnologia constituíram o clímax de milênios de progresso intelectual. Foram também uma enorme força a favor do bem e do mal, e houve momentos em que o mal superou amplamente o bem. No entanto, a marcha do conhecimento e da técnica continua e, com ela, a luta social e moral. Ninguém pode ter certeza de que a humanidade sobreviverá a essa trajetória dolorosa, em particular numa era em que o conhecimento humano da natureza suplantou em muito o conhecimento que o homem tem de si mesmo. (2005: 594)

REFERÊNCIAS BIBLIOGRÁFICAS

AGUILAR, L. E. *Estado Desertor. Brasil-Argentina nos anos de 1982-1992*. Campinas: FE/UNICAMP, 2000.

ALMEIDA, P. R. de. *A Experiência Brasileira em Planejamento Econômico: uma síntese histórica*. Disponível em: <http://www.pralmeida.org. 2004>. Acesso em: 30 de setembro de 2008.

AMMANN, P. A Formação Profissional na Era das Incertezas. In: *Anuário de Educação/94*. Rio de Janeiro: Tempo Brasileiro, 1994.

ANTUNES, R. Os Caminhos da Liofilização Organizacional: As Formas Diferenciadas da Reestruturação Produtiva no Brasil. *Ideias*, Campinas, 9 (2)/10(1), 2003, p. 13-24.

_____. *Os Sentidos do Trabalho. Ensaio sobre a afirmação e a negação do trabalho*. São Paulo: Ed. Boitempo, 1999.

ARAUJO, L. F. de. *De Castelo Branco a Fernando Henrique: uma análise econômica resumida*. Departamento de Engenharia Industrial, Universidade Federal do Rio de Janeiro, 2004.

ARVATE, P. R. e LUCINDA, C. R. *Uma Nova Versão para a Política Monetária do Plano de Ação Econômica do Governo (PAEG)*. Disponível em: <http://www.virtualbib.fgv.br. 2002>. Acesso em: 28 de janeiro de 2007.

BARROS ET ALLII. *Pelo Fim das Décadas Perdidas: educação e desenvolvimento sustentado no Brasil*. Rio de Janeiro: IPEA. jan. 2002.

BIRD. WORLD BANK. *Informes sobre o Desarrollo Mundial: la tarea acuciante del desarrollo*, 1991.

BIRD. WORLD BANK. *Education and Skills in Argentina, Latin America and the Caribbean Regional Office*, 2003.

BONVECCHI, A. 2004. O Governo de Kirchner: uma reversão do menemismo? In: SALLUM JR., B. [Org.]. *Brasil e Argentina Hoje: política e economia*. Bauru: USC, p. 187-214.

BRASIL. DIEESE. *Anuário da Qualificação Social e Profissional*. Departamento Intersindical de Estatística e Estudos Socioeconômicos. São Paulo. 2007

BRASIL. MEC. *Educação para Todos. Avaliação da década*. Brasília-DF. MEC/INEP. 2000.

BRASIL. MEC. *Histórico da Educação Profissional no Brasil*. Disponível em: <www.mec.setec.gov.br>. Acesso em: 08 julho de 2009.

BRASIL. IBGE. *Suplemento – Aspectos Complementares da Educação de Jovens e Adultos e Educação Profissional*. Rio de Janeiro: IBGE, 2007.

BRASIL. IBGE. Serviço de Estatística da Educação e Cultura. *Anuário estatístico do Brasil 1960*. Rio de Janeiro: IBGE. v. 21, 1960.

BRASIL. IBGE. Serviço de Estatística da Educação e Cultura. *Estatísticas do século XX*. Rio de Janeiro: IBGE, 2003.

BRASIL. MEC. *Desenvolvimento da Educação no Brasil*. Brasília-DF. MEC, 1996.

BRASIL. INEP. *Estudo Analítico-Descritivo Comparativo do Setor Educacional do Mercosul*. (1996-2000). Brasília-DF – Brasil. INEP. Junho de 2005.

BRASIL. MEC. LEI Nº 9.394, DE 20 DE DEZEMBRO DE 1996. Estabelece as diretrizes e bases da educação nacional.
BRASIL. MEC. DECRETO 2208. Regulamenta o § 2º do art. 36 e os arts. 39 a 42 da Lei nº 9.394, de 20 de dezembro de 1996, que estabelece as diretrizes e bases da educação nacional. 1997.
BRASIL. MEC. DECRETO 5154 DE 23 DE JULHO DE 2004. Regulamenta o § 2º do art. 36 e os arts. 39 a 41 da Lei nº 9.394, de 20 de dezembro de 1996, que estabelece as diretrizes e bases da educação nacional, e dá outras providências. 2004.
BRASIL. SARESP. Sistema de Avaliação de Rendimento Escolar. SE. SÃO PAULO, 2007.
BRAVERMAN, H. *Trabalho e Capital Monopolista*. Rio de Janeiro: Editora Guanabara Koogan, 1974.
BRESSER-PEREIRA, L. C. *Desenvolvimento e Crise no Brasil*. São Paulo: Editora 34, 2003.
BRYAN, N. A. P. *Educação, Processo de Trabalho, Desenvolvimento Econômico*. Campinas: Alínea, 2008.
BRIGIDO, A. M. *La Equidad em la Educación Argentina*. Córdoba: Editoral Universitas, 2004.
CASTRO, C. de M. e OLIVEIRA, J. B. de A. e O. Formação Profissional na Nova América Latina: problema ou solução? In: *Anuário de Educação/94*. Rio de Janeiro: Tempo Brasileiro, 1994.
CASTRO, A. B. e SOUZA, F. E. P. *A Economia Brasileira em Marcha Forçada*. Rio de Janeiro: Paz e Terra, 1985.
CORIAT, B. *Pensar pelo Avesso: o modelo japonês de trabalho e organização*. Rio de Janeiro: REVAN/UFRJ, 1994.
CORNEJO, J. N. Os Paradigmas Tecnoprodutivos do Sistema Capitalista e a Educação na República Argentina (1950-2000). *Revista E-Curriculum*, São Paulo, v. 1, nº 1, dez-jul. 2005-2006. Disponível em: <http://www.pucsp.br/curriculum>.

COUTINHO, C. N. O Estado Brasileiro: gênese, crise, alternativas. In: LIMA, J. C. F e NEVES, L. M. W. [Org.] *Fundamentos da Educação Escolar do Brasil Contemporâneo*. Rio de Janeiro: Fiocruz, 2006.

COUTO, C. G. e BAIA, P. F. O Governo Lula: uma avaliação política e econômica. In: SALLUM JR., B. [Org.]. *Brasil e Argentina Hoje*. Bauru: EDUSC, 2004.

CUNHA, L. A. C. R. *Política educacional no Brasil: a profissionalização no ensino médio*. Rio de Janeiro: Eldorado. 2ª ed., 1977.

CUNHA, L. A. Ensino Médio e Ensino Técnico na América Latina: Brasil, Argentina e Chile. *Cadernos de Pesquisa*, nº 111, p. 47-70, dezembro/2000.

DEITOS, R. A. *O Capital Financeiro e a Educação no Brasil*. Campinas: UNICAMP. Tese de doutorado. 2005.

DEVOTO, F. e FAUSTO, B. *Argentina Brasil 1850-2000. Un ensayo de historia comparada*. Buenos Aires: Editora Sudamericana, 2008.

EVANGELISTA, J. S. O Gol da Memória: a ditadura militar e o futebol na Argentina e no Brasil. *DARANDINA revisteletrônica* – Programa de Pós-Graduação em Letras/UFJF, v. 1, nº 1, 2008.

FLORIA, CARLOS A. E BELSUNCE, CÉSAR A. G. *Historia de los Argentinos*. Buenos Aires: Larousse, 1992.

FOLHA DE S. PAULO. 15 de setembro de 2008, C1.

FOLHA DE S. PAULO. 8 de novembro de 2007, B1.

FOLHA DE S. PAULO. 15 de setembro de 2008, C1.

FREITAG, B. *Escola, Estado e Sociedade*. São Paulo: Centauro, 2005.

FRIGOTTO, G. Os Delírios da Razão. Crise do capital e metamorfose conceitual no campo educacional. In: GENTILI, P. [Org.]. *Pedagogia da Exclusão*. Petrópolis: Vozes. 2002.

_____. *Educação e a Crise do Capitalismo Real*. São Paulo: Cortez, 1995.

_____. *A Produtividade da Escola Improdutiva.* São Paulo: Cortez, 1993.

FURTADO, C. *O Brasil pós-milagre.* Rio de Janeiro: Paz e Terra, 1981.

GALLART, M. A. *La Construcción Social de la Escuela Media: una aproximación institucional.* Buenos Aires: La Crujía, 2006.

GARDNER, H. *Inteligencias Múltiplas.* Porto Alegre: Artmed, 1994.

GRAMSCI, A. *Cadernos do Cárcere.* Rio de Janeiro: Civilização Brasileira. 2004.

GREMAUD, A. P.; TONETO, R. JR.; VASCONCELLOS, M. A. S. de. *Economia Brasileira Contemporânea*. São Paulo: Atlas, 2002.

HAYEK, F. *O Caminho da Servidão.* Rio de Janeiro: Instituto Liberal. 1987.

HOLM-NIELSEN, L. & HANSEN, T. N. *Education and Skills in Argentina – Assessing Argentina's Stock Of Human Capital.* The World Bank Latin America and the Caribbean Regional Office. LCSHD. March 2003.

IANNI, O. Globalização: novo paradigma das ciências sociais. *Estudos Avançados*, v. 8, nº 21, São Paulo. Maio/Ago. 1994

KING, E. A Century of Evolution in Comparative Studies. *Comparative Education.* V. 36, nº 3. p. 267-277.

KRAWCZYK, N. R. *A Utopia da Participação: a posição dos movimentos docentes na formulação da política educativa na Argentina.* Campinas: UNICAMP, 1993. Tese de doutorado.

LANDES, D. S. *Prometeu Desacorrentado.* Rio de Janeiro: Elsevier, 2005.

LUHMAN, N. *Social Systems.* Stanford, CA: Stanford University Press, 1984; 1995

MACARINI, J. P. *A Política Econômica da Ditadura Militar no Limiar do "Milagre" Brasileiro: 1967-1969.* IE/UNICAMP. Campinas, nº 99. 2000.

MALET, R. Do Estado – Nação ao Espaço-Mundo: as condições históricas da renovação da educação comparada. *Educ. Soc.*, Campinas, v. 25, n° 89, p. 1301-1332. Set./Dez. 2004.

MANFREDI, S. M. *Educação Profissional no Brasil*. São Paulo: Editora Cortez. 2002.

MATIAS, Carlos Roberto; FERNANDES, Carmem M. A Falha da Reforma. *Revista Sinergia*, CEFET-SP, n° 5, 2002. Disponível em: <http://www.cefetsp.br/edu/sinergia/5indice.html>. Acesso em: 13/7/2007.

MATOS, P. de P. *Análise dos Planos de Desenvolvimento Elaborados no Brasil após o II PND*. Monografia de mestrado Piracicaba: Universidade de São Paulo, 2002.

MELO, Savana Diniz Gomes. Políticas para a Educação (Técnico) Profissional: uma comparação entre Brasil e Argentina. 2007. (Apresentação de Trabalho/Congresso).

MERCOSUL. Estudo Analítico Comparativo do Sistema Educacional do Mercosul (2001-2005). 2008.

_____. Sistema de Información y Comunicación del Mercosur Educativo. *Indicadores Estadísticos del Sistema Educativo del Mercosur.* 2006.

NIELSEN, L. H. e HANSEN, T. N. *Education and Skills in Argentina*. The World Bank. Latin America and the Caribbean Regional Office. 2003

NISKIER, A. *Folha de S. Paulo*. Tendências/Debates. 28/01/2009.

NICOLSKY e OLIVEIRA. *Folha de S. Paulo*. Tendências/Debates. 10/03/2008.

NÓVOA, A. Texts, Images and Memories. Writing new histories of education. In: POPKEWITZ, T. S.; FRANKLIN, B. M.; PEREYRA, M. A. *Cultural History and Education*. London: Routledge, 2001.

NÓVOA, A. Y YARIV-MASHAL, T. Comparative Research in Education: a mode of governance or a historical journey? *Comparative Education*. V. 39, n° 4. London: Carfaz Publishing. November 2003, p. 423-438.

OLIVEIRA. M. A. M. *Políticas Públicas para o Ensino Profissional: o processo de desmantelamento dos CEFETS*. Papirus Editora, 2003.

PAZ, F. M. *El Sistema Educativo Nacional. Formacion. Desarrollo. Crisis*. Córdoba: Universidade Nacional de Córdoba, 1980.

PILETTI, N. E PILETTI, C. *História da Educação*. São Paulo: Ática, 2006.

POCHMANN, M. *Folha de S. Paulo*, 8 de novembro de 2007, B1.

_____. EDUCAÇÃO, TRABALHO E JUVENTUDE: COMO ESTABELECER UMA RELAÇÃO VIRTUOSA? *Educ. Soc.*, Campinas, v. 25, n° 87, p. 383-399, maio/ago. 2004, p. 383. Disponível em: <http://www.cedes.unicamp.br>.

PUIGGRÓS, A. *Qué pasó em la Educación Argentina*. Buenos Aires: Galerna, 2006.

QUESADA, V. G. *Historia Colonial Argentina*. Buenos Aires: La Cultura Argentina, 1915.

RODRIGUES, N. *Estado, Educação e Desenvolvimento Econômico*. São Paulo: Cortez, 1987.

RODRIGUEZ, M. A Política de Descentralização da Educação na América Latina. *Revista da FAEEBA*. Salvador, n° 13, p. 109-119. Jan./junho, 2000.

ROMÃO, J. E. Financiamento da Educação no Brasil – Marchas e Contramarchas. *Eccos Revista Científica*, julho-dezembro, ano 8, n° 2, 2006.

ROMANELLI, O. DE O. *História da Educação no Brasil*. (1930/1973). Petrópolis: Vozes, 1985.

SALLUM JR., B. *Brasil e Argentina Hoje*. Bauru: EDUSC, 2004.

SANTOS, M. *Por uma outra globalização: do pensamento único à consciência universal*. São Paulo: Editora Record, 2000.

SARNEY, J. *Discurso na Academia das Ciências de Lisboa*. Lisboa: Bertrand, 1986.

SILVA, E. G da. *O Banco Mundial e a Cidade de Buenos Aires: apontamentos sobre as políticas curriculares para a educação inicial da década de 1990*. Paraná: Universidade de Maringá. Dissertação de mestrado. 2007.

SILVA, P. L. B. e COSTA, N. DO R. Avaliação de Políticas Públicas na América do Sul. A avaliação de programas públicos: uma estratégia de análise. *V Congreso Internacional del CLAD sobre la Reforma del Estado y de la Administración Pública*. Santo Domingo, Rep. Dominicana, 24-27 Oct. 2000.

SINGER, P. *Desenvolvimento e Crise*. Rio de Janeiro: Zahar, 1972.

SILVEIRA, S. J. C. e RATHMAN, R. Uma Breve Análise do PAC tendo como Base a Retrospectiva dos Planos Econômicos dos Governos Militares no Brasil entre 1964 e 1985. *Est. CEPE*. Santa Cruz do Sul: Cepe, n° 25, p. 4-20, jan/jun 2007.

SCHWARTZMAN, S. *A Sociedade do Conhecimento e a Educação Tecnológica*. São Paulo: SENAI. 2005. Disponível em: <http://www.senai.br>. Acessado em: 20 de dezembro de 2006.

SKIDMORE, T. *Brasil: de Castelo a Tancredo*. Rio de Janeiro: Paz e Terra, 1988.

_____. *Brasil: de Getúlio a Castelo*. Rio de Janeiro: Paz e Terra, 2007.

TAVARES, M. C. Da Substituição de Importações ao Capitalismo Financeiro. Rio de Janeiro: IEI/UFRJ, jun. 1987. (*Textos para Discussão*, 154)

Tanguy, L. Competências e integração social na empresa. Em: F. Ropé & L. Tanguy [Org.]. *Saberes e Competências: o uso de tais noções na escola e na empresa*. Campinas: Papirus, p. 167-200, 1997.

TEDESCO, J. C. Os Fenômenos de Segregação e Exclusão Social na Sociedade do Conhecimento. *Cadernos de Pesquisa*, n° 117, novembro/2002.

TEITEL, S.; THOUMI, F. E. Da Substituição de Importações às Exportações: as experiências argentina e brasileira no campo das exportações de manufaturados. *Pesq. Plan. Econ.* Rio de Janeiro. N° 16, v. I, p. 129-166, abril 1986.

TIRAMONTI, G. *Modernization Educativa de Los 90.* Buenos Ayres: Temas Grupo Editorial, 2001.

XAVIER, Maria Elizabete S. P. *Capitalismo e Escola no Brasil: a constituição do liberalismo como ideologia educacional e as reformas do ensino (1931-1961).* Campinas: Papirus, 1990. 182p.